Othmar Franz Lang
Warum zeigst du der Welt das Licht?

Othmar Franz Lang

Warum zeigst du der Welt das Licht?

Ein Jugendroman
zum Thema Entwicklungshilfe

Deutscher
Taschenbuch
Verlag

Der Autor dankt

dem Bundesministerium für wirtschaftliche Zusammen-
arbeit der Bundesrepublik Deutschland,

dem Deutschen Entwicklungsdienst,

der Schwesternschaft Walmenichhaus vom Bayerischen
Roten Kreuz

und vor allem Bärbel Beutler, die Entwicklungsdienst lei-
stete,

für Rat und Unterstützung bei der Arbeit an diesem Buch.

Ungekürzte Ausgabe
1. Auflage Februar 1978
6. Auflage Januar 1982: 52. bis 61. Tausend
Deutscher Taschenbuch Verlag GmbH & Co. KG, München
© 1974 Benziger Verlag, Zürich/Köln
ISBN 3-545-33049-4
Umschlaggestaltung: Celestino Piatti
Umschlagbild: Alfred Seidel
Gesetzt aus der Aldus 10/11·
Gesamtherstellung: Ebner Ulm
Printed in Germany · ISBN 3-423-07806-5

Zu Anfang der Welt gab es nicht Nahrung genug für einen Mann und eine Frau, die der Gott Pachcamac geschaffen hatte. Da starb der Mann vor Hunger, und die Frau blieb allein zurück. Als sie eines Tages auf den Feldern zwischen den Dornen nach Wurzeln suchte, erhob sie ihre Augen zur Sonne: »Schöpfer aller Dinge, warum hast du mich das Licht der Welt erblicken lassen, wenn es nur geschah, um mich in Armut vergehen und von Hunger verzehren zu lassen? Warum zeigst du der Welt das Licht und hast doch kein Erbarmen mit den Heimgesuchten?«

(Aus der Inka-Schöpfungssage
»Pachcamac und Uichama«)

Der Jeep hielt.

Der holprige Karrenweg, gegen den sich unsere Forstwege wie Autostradas ausnehmen, endete im Fluß. In einem schnell dahinfließenden, ziemlich breiten und glasklaren Fluß.

Ich versuchte in Joes Gesicht zu lesen. Es drückte keine Überraschung aus. Er sagte: »Sie sind noch nicht da.«

Mit einem Schlag spürte ich, wie fremd ich hier war. Wer waren »sie«? Und warum sollten »sie« schon hier sein? Was sollten »sie« hier tun? Eine Brücke schlagen, ein Boot zu Wasser lassen, ein Seil spannen?

»Wie komme ich hinüber?« fragte ich und wunderte mich, daß meine Stimme heiser war. Ich hustete.

»Deshalb müssen sie ja kommen.« Joe hob einen Stein auf und warf ihn in den Fluß.

Ich hatte den Eindruck, der Stein versinke nicht gleich, sondern würde Sekundenbruchteile auf der Oberfläche des Wassers mitgerissen. Ich begann zu ahnen, warum »sie« kommen mußten.

Joe schien zu bemerken, was in mir vorging.

»Es hat keinen Sinn, wenn ich es dir verschweige«, sagte er. »Es ist nicht die Tiefe, die den Cachimayo so gefährlich macht. Es ist auch nicht die Strömung.«

»Sondern?«

»Die Steine, die er mit sich führt. Nicht die kleinen, die großen. Das Geröll. Wir sind in einer Höhe von zweitausendachthundert Metern aufgebrochen. Und bis hierher ging es fast die ganze Zeit bergauf.«

Das mußte ich mir immer wieder vor Augen führen. Wir waren bereits in einer Höhe, die es in Deutschland nicht mehr gab. In der in Europa nur noch Schutzhütten und einige Observatorien im Felsen hockten.

Merkwürdig: Die vielen tausend Kilometer, die ich geflogen war, hatten in mir nicht das Gefühl der Entfernung von daheim so aufkommen lassen wie diese Erkenntnis. Daß ich über den höchsten Punkt meiner Heimat hinausgelangt war.

Mir fiel die schwedische Krankenschwester ein, die mein Vater damals im Wagen über die Großglocknerstraße mitgenommen hatte und die irgendwo beim Fuscher Törl – oder war es bei der Edelweißspitze? – gesagt hatte: »Jetzt sind wir höher als der höchste Berg meiner Heimat.«

»Da kommen sie«, sagte Joe. Er holte einen Feldstecher aus dem Wagen, stellte ihn ein und reichte ihn mir. »Der Sindicato hat wenigstens stämmige Leute geschickt«, sagte er. »Siehst du sie, da oben?«

Ich sah sie nicht.

Joe legte die Hand über die Augen. »Da, sie sind hinter einem Felsbrocken. Jetzt, jetzt kommen sie wieder hervor.«

Nun sah ich sie auch. Sie waren noch einige hundert Meter entfernt, gut hundert Meter höher als wir. Ein paar Männer und einige Esel. Dort hinauf mußte ich, hinauf und hinter der Hangbiegung weiter.

Ich war froh, daß Vater und Mutter nicht hier waren; am dankbarsten war ich, daß meine beiden älteren Brüder jetzt nicht in mich hineinsehen konnten.

»Noch könntest du umkehren« sagte mir jemand, und ich hörte die Worte ganz deutlich, obwohl nur Joe, der Fahrer, da war. Und der schwieg. »Vielleicht hast du Glück«, sagte die Stimme, »und ein Stein in Cachimayo zerschlägt dir den Knöchel. Man bringt dich ins Hospital. Den Weg zurück.« Ich entdeckte, daß ich plötzlich keinen Mut mehr hatte.

Als ich von daheim fortging, da hatte ich ihn noch. Aber jetzt . . . Und das Vorhaben, die Welt zu verändern, in einem Hochtal der Anden, hinter einem Fluß, den man nicht allein durchwaten konnte, war das nicht lächerlich?

Ich schaute über den Fluß und versuchte, mir über meine Gefühle klarzuwerden. Warum blieb ich hier stehen und lief nicht davon? Es war Angst. Angst vor der unsterblichen Blamage, knapp vor dem Ziel umgekehrt zu sein. Großmutter, Vater und Mutter, sie alle würden recht behalten. Vor allem meine beiden Brüder. Selbst wenn mir jetzt etwas zustieße, würden sie es als eine Art Selbstverstümmelung ansehen, als Feigheit.

Mir durfte nichts zustoßen.

Am anderen Ufer hatten die Campesinos den Fluß erreicht. Sie winkten und riefen herüber. Dann stellten sie sich in einer Reihe nebeneinander, hakten sich unter und begannen den Fluß zu durchwaten, Schritt für Schritt. Wenn einer stolperte, rissen ihn die anderen hoch. In der Mitte, als ihnen das Wasser fast bis zur Hüfte reichte, machten sie die kleinsten Schritte, am Rand wurden sie schneller, und dann stürzten sie auf mich zu, als käme ich zu ihnen zurück. Plötzlich war mir, als kennte ich sie schon lange.

Joe sagte: »Es ist besser, du gehst gleich mit ihnen hinüber. Einer nimmt deinen Rucksack und einer die Medikamente und etwas von der Verpflegung, dann ist das Wichtigste drüben. Nachher können sie den Rest holen.«

Er drückte mir die Hand. »Mach's gut, denk daran, sie verdienen es.«

»Werd' mich bemühen«, sagte ich mindestens eine Spur zu breit. Die Indios nahmen mich in die Mitte, ich hakte mich bei meinen beiden Nachbarn ein. Ich spürte ihren Herzschlag. Aber nicht nur den Herzschlag der Männer neben mir, sondern auch den der anderen. Ich war kein Wesen für mich, sondern Teil eines Wesens, Glied einer Kette. Obwohl fünf Männer die Strömung von mir abhielten, drückte sie mich talwärts, schob mich nach unten. Die Anstrengung, Fuß vor Fuß zu setzen, war so groß, daß ich die Kälte des Wassers erst spürte, als wir das andere Ufer erreichten.

Die Männer bedeuteten mir, ich solle mich auf meinen Rucksack setzen, die Schuhe ausziehen und das Wasser herausrinnen lassen. Sie verschnauften eine Weile, ehe sie zu Joe zurückgingen, um die restlichen Sachen zu holen.

Ich zog meine Bergschuhe aus und stellte sie mit der Sohle nach oben in den Schotter, dann wrang ich meine Socken aus und holte mir trockene aus dem Rucksack. Rock und Unterwäsche mußten am Körper trocknen. Ich fühlte mich einsam und siegreich zugleich. Die Würfel waren gefallen.

Ich bildete mit meinen paar Habseligkeiten, meinen Medikamenten und meinem Proviant eine Art Brückenkopf. Der Fluß hinter mir würde mich vor Flucht bewahren. Ich konnte ihn nicht allein durchqueren, zumindest in dieser Jahreszeit nicht.

Als die Campesinos wiederkamen, mußte ich das erstemal in Aktion treten. Einer von ihnen, der stärkste, der bergwärts gegangen war, hatte einen blutiggeschlagenen Knöchel.

Plötzlich hatte ich nichts gegen den langen Weg. Je länger der Weg war, um so später würde die Wirklichkeit über mich hereinbrechen, von der ich nicht wußte, ob ich ihr gewachsen war. Die Männer, die die Esel führten, keuchten kaum. Ich versuchte, mich ihrem gemessenen Schritt anzupassen. Manchmal fing ich ein Lächeln auf und lächelte zurück. Ich hätte Spanisch mit ihnen reden können. Aber die Worte, die ich so eifrig gebüffelt hatte, waren mir auf einmal entfallen.

Dann standen vier junge Mädchen auf dem Weg. Sie waren uns entgegengekommen. Sie hatten breitkrempige, dunkle Hüte auf, aus denen dicke Zöpfe hervorquollen und über die Schultern fielen. Sie tuschelten und betrachteten mich neugierig. Etwas weiter waren es Jungen mit kleineren Geschwistern. Erst viel später begriff ich, daß ihre abgetragene, zerschlissene und geflickte Kleidung das Beste war, das sie anzuziehen hatten. Oft bestanden ihre Gesichter nur aus Augen. Augen, die forschend, fast ängstlich auf mich gerichtet waren. Augen, wie sie nur die Armen, Augen, wie sie nicht die Satten haben. Augen, wie sie im Fernsehen manchmal zu sehen sind, in Berichten aus Kalkutta, aus Afrika, aus den Favelas von Rio de Janeiro. Und es ist etwas anderes, ob man dem Blick solcher Augen nach dem Abendessen vom Bildschirm her ausgesetzt ist, oder in mehr als dreitausend Meter Höhe in einem karstähnlichen Gebiet in den Anden.

Als der Weg wieder eine Biegung machte, lag plötzlich ein kleines Tal vor uns. Grün schimmernde Hänge, sogar ein paar Bäume, in der Mitte, zusammengedrängt wie eine Viehherde um den Steppenbrunnen, Huayllas, die Hütten des Dorfes. Schon von weitem wirkten sie armselig. Darüber, auf einem Hang, die Kirche. Viel zu groß und viel zu prächtig für dieses kümmerliche Dorf, spanischer Stil, mit weißen Bögen, einem hohen Dach und einem durchbrochenen Giebel, in dem die Glocken hingen. Der Finquero, der Großgrundbesitzer, dem dieses Dorf einst gehörte, hatte sie vor fast zweihundert Jahren bauen lassen.

Auf dem Dorfplatz, einem staubigen Viereck, von Lehmmauern umgeben, wurde ich erwartet. Ein paar schwarze Schweine suchten schleunigst das Weite. Der Sindicato drückte mir die Hand und hielt eine kurze Begrüßungsrede. Aber die Worte erreichten mich kaum. Ich sah mich um, und ich mußte mir immer wieder sagen: Sie haben ihr bestes Zeug an, es ist nicht ihre Schuld, wenn man bei uns Besseres in Mülltonnen findet. Bei uns . . . daheim würde ich nie erklären können, wie arm diese Leute waren. Wir haben die Beziehung zur Armut verloren. Wohlstand und Armut messen wir mit ganz anderen Begriffen.

Es war ein Glück, daß der Sindicato nicht zu den Dauerrednern zählte. Er drückte mir noch einmal die Hand, und dann waren andere da, die mir die Hand drücken wollten. Ich hörte ihre Namen: Serrano, Felipe, Serrudo, Mamanio, Quispe.

Ich stand auf dem staubigen Platz, den sie die Plaza nannten. Die Schweine, seltsam schlank, kamen wieder näher. Ich war müde, überreizt, lächelte sicher etwas exaltiert in die Gesichter der Leute, in diese fremden, dunkelhäutigen Gesichter, an die ich mich würde gewöhnen müssen. Ich wußte, ich war am Ziel einer Reise, meiner längsten bisher. Ich war in Riesensprüngen über den Erdball gekommen, Dakar, Recife, Rio, Sucre. Ich hatte den Äquator überflogen und die Jahreszeiten gewechselt.

Ich achtete darauf, daß mein Vorrat an guten Vorsätzen nicht zusammenschmolz. Trotzdem stand ich jetzt mit leeren Händen da, ich spürte es. Ich kam mir vor, als hätte ich einen Berg Glühbirnen in ein Dorf gebracht, das keinen elektrischen Strom hatte. Ich wollte allein sein, in den Schlaf fliehen. Ich dankte dem Sindicato und versprach, mein Bestes zu geben. Ich wußte noch nicht wie, aber die Nacht würde mir helfen. Das Vergessen, der Schlaf.

Man führte mich zu meinem Quartier. Es war das beste, das sie mir zu bieten hatten, ein kahler, gekalkter Raum mit leeren Fensterhöhlen, noch nicht ganz fertig. Der ehemalige Eselstall der Finca, und den hatten sie, wie ich erfuhr, der Grundbesitzerin nur mit Erpressungen abgetrotzt.

Ich war noch keine Stunde im Dorf, da wußte ich beinahe alles. Die Besitzerin der Finca war eine alte Frau, die von den Indios mehr nahm als ihr zustand. Die Hälfte der Ernte statt nur einem Drittel. Aber sie brauchte das Geld, sie mußte es ihrem Sohn schicken, der irgendwo im Ausland lebte. Sie hatte nicht gewollt, daß ich hierher kam, sie hatte sich mit Händen und Füßen dagegen gewehrt.

Aber vielleicht war gerade sie ein Geschenk des Himmels. Vielleicht brauchte ich in meiner Verfassung nichts so dringend wie eine Feindin . . .

Ich wachte davon auf, daß etwas in mein Bett gefallen war. Kein schwerer Gegenstand. Kein Stein. Es gab kaum ein Geräusch, nur eine Berührung, wie ein leichtes Antupfen. Trotzdem war ich sofort hellwach.

Schwarze Nacht und absolute Stille.

Ich knipste die Taschenlampe an, ließ den Lichtkegel über Zementsäcke, Mörtelbottich, Werkzeug, mein Gepäck, meine medizinische Ausrüstung wandern. Nichts.

Draußen, irgendwo, grunzte ein Schwein im Schlaf.

Ich leuchtete mein Bett an. Und dann stand ich plötzlich mit einem unterdrückten Schrei neben dem Bett.

Vinchuquas!

Mir fiel mit einemmal alles ein, was ich über sie gehört und gelesen hatte. In einem Buch über eine Andenexpedition hatte ich eine längere Stelle über Vinchuquas gefunden. Und nun krabbelte eine in meinem Bett. Zum Glück hatte sie noch keinen vollgesogenen Blutbauch, also war ich noch nicht gestochen worden. Der Stich der Vinchuqua ist nicht ungefährlich. Sie überträgt das Chagas-Fieber, das, der Schlafkrankheit ähnlich, Herzmuskellähmungen bewirkt. Ich schüttelte das Tier von der Decke und zertrat es auf dem Lehmboden.

Noch nie hatte ich solchen Ekel empfunden.

Dann leuchtete ich die Schilfdecke ab. Ich brauchte nicht lange zu suchen, bis ich drei, vier Vinchuquas entdeckte. Ich hätte vor Wut heulen können. In welches Abenteuer hatte ich mich eingelassen! Und nur um es den Eltern, der Großmutter und vor allem meinen Brüdern zu zeigen.

Ich zog mein Feldbett über den Lehmboden hinaus in den kleinen Innenhof, direkt unter dem Himmel. Aber ich suchte nicht das Kreuz des Südens. Ich hockte mich auf das Bett, stützte meine Ellenbogen auf die Knie, das Gesicht in die Hände und starrte in die Nacht vor mich hin.

Meine Brüder!
Meine Brüder waren Söhne ihres Vaters.

Ihr Vater und mein Vater waren ein und dieselbe Person.

Likörfabrikant.

Seine Mutter lebte bei uns. Eine Frau, die jeden Morgen mit mindestens einem Dutzend unterdrückter Hallelujas zum Frühstückstisch kam. Zum reichlich gedeckten Frühstückstisch.

Unser Frühstückstisch war immer reichlich gedeckt.

Ebenso unser Mittagstisch.

Und unser Abendtisch.

Jeder Bissen, den wir aßen, war ein Betrug.

Denn meine Mutter kaufte nie ein wie jede andere Hausfrau.

Ich sagte es schon: Vater hatte eine Likörfabrik. Eine Likörfabrik mit Kantine. Er kaufte nur Lebensmittel für die Kantine. Die bekam er billiger als alle seine Arbeiter, außerdem konnte er sie von der Steuer absetzen. Und ein Teil dieser Lebensmittel ging in unseren Haushalt.

Wir beschissen mit jedem Essen, das wir zu uns nahmen, das Finanzamt. Aber wir waren ordentliche Bürger, gute Christen, irgendwo und irgendwie auch sozial.

Bekamen Vaters Angestellte und Arbeiter nicht gegen einen geringen Gehaltsabzug schmackhafte Werksverpflegung in der Kantine? Durften sie nicht jeden Monat eine Flasche Likör umsonst in ihre Tasche packen? Und im Juni gab's immer einen Betriebsausflug.

An dem unsere ganze Familie teilnahm.

Sogar Oma tanzte dann mit Arbeitern. Auch meine Mutter. Und meine Brüder, die die Welt, so wie sie für sie war, für die beste und gerechteste aller Welten hielten, tanzten, obwohl sie beide schon das Abitur hatten, mit Hilfsarbeiterinnen.

Außerdem spendete Vater karitativen Organisationen gegen Quittung Geldbeträge, sofern sie nicht im Verdacht standen, linke Organisationen zu sein. Nur den beiden Kirchen nahestehende Organisationen standen bei uns nicht in diesem Verdacht.

Wir wohnten in einem Viertel, das allein deshalb als gutes Viertel galt, weil sich hier nur Leute halten konnten, die Geld machten. Unser Haus war eine Villa aus der Jahrhundertwende, eingerichtet mit Möbeln, deren jährliche Wertsteigerung Vater auf Antiquitätenmessen sorgfältig registrierte.

Meine Großmutter konnte sich nicht vorstellen, wie man in Kaufhausmöbeln leben konnte. Mein Vater und meine Mutter auch nicht, und meine Brüder gingen mit ihnen darin einig.

Meine Brüder würden sich ausschütten vor Lachen, könnten sie mich in meinem Feldbett unter freiem Himmel sehen.

Vater würde sagen: »Sie hat es nicht anders gewollt.«

Meine Großmutter würde die Hände über dem Kopf zusammenschlagen und rufen: »Ein Mädchen, halbnackt in einem Bett im Freien! Unter all diesen merkwürdigen Leuten, die nicht einmal lesen und schreiben können! Es wird nicht lange dauern, bis ihr einer ein Leid antut.«

Mich fröstelte.

Und ich wußte im Augenblick nicht, war es meine Müdigkeit, waren es die Gedanken an meine Familie, oder war es die kühle Nacht, dreitausend Meter über dem Meeresspiegel . . .

Das erste, was ich am Morgen suchte, war eine Wasserleitung. Ich war so verbohrt, an einen Wasserhahn zu denken, den man auf- und zudrehen konnte und über den man sich höchstens ärgerte, wenn er ein bißchen tropfte.

Der Wasserhahn tropfte nicht, weil es ihn nicht gab. In der Finca war zwar ein Brunnen. Aber das Wasser war nur für die Gutsbesitzerin. Einen halben Kilometer unterhalb des Dorfes floß ein Bach mit glasklarem Wasser. Von dort holte man das Wasser, und von dort hatte auch ich es zu holen.

Erstes Entsetzen am Morgen. Man holte hier nicht nur das Trink- und Kochwasser. Etwas oberhalb war die »Badeanstalt« und die »Waschküche«. Ich stieg ein bißchen bachaufwärts, um von dort das Wasser zu nehmen. Zugleich nahm ich mir vor, daß dies das erste sein würde, was ich ändern wollte. Man durfte nicht dort Trinkwasser holen, wo man die Wäsche wusch.

Das zweite, was ich an diesem Morgen gern aufgedreht hätte, wäre ein Radioapparat gewesen. Er fehlte. Ich war abgeschieden von der Welt. Ich konnte nicht beurteilen, ob die Meteorologen das richtige Wetter voraussagten, ich wußte nicht, was Politiker von sich gaben und wie die Börse reagierte. Ich konnte keine »Stunde der Hausfrau« hören, in der man mir vielleicht gesagt hätte, wie man mit Vinchuquas fertig wurde. Welches Mittel man gegen sie beim Drogisten um die Ecke kaufte, den es hier nicht gab.

Die Tiere kriechen auf der Zimmerdecke bis über das Bett ihres Opfers. Eine Technik, die auch den europäischen Wanzen bekannt ist. Haben sie die Stelle erreicht, lassen sie sich von der Decke fallen. Und wie wissen sie im stockdunklen Zimmer, daß sie ihren fetten Weideplatz erreicht haben? Ganz einfach. Die Tiere orientieren sich nach der aufsteigenden Wärme des menschlichen Körpers. Fingerkuppengroß können sie ihren Blutbauch vollsaugen. Nach gelungener Bluttransfusion setzen sie sich zur Ruhe . . .

Ich sollte hier eine Sanitätsstation einrichten, die Alphabetisierung durchführen, die gesundheitlichen und hygienischen Zustände verbessern, Dorfhelfer heranziehen. Ich hatte eine Fülle von Aufgaben, aber ich mußte immer an die Vinchuquas denken.

Nach dem Frühstück, gerade als ich mich auf meinen ersten Weg durch das Dorf machen wollte, kamen die

Arbeiter, die die Decke meiner Unterkunft fertigstellen wollten.

Noch konnte ich die Gesichter nicht auseinanderhalten. Sie waren Indios, und in meinen Augen sahen sie alle einander ähnlich. Ich konnte nicht sagen, ob der eine jüngere Mann gestern dabei war, als man mich durch die Furt brachte, und ob ein anderer hinter dem Sindicato auf dem Dorfplatz gestanden hatte.

Sie trugen mein Zeug wieder hinaus auf den Vorplatz, stapelten meinen Proviant und die Medikamente auf das Bett und versprachen, bis zum Abend fertig zu werden.

Ich zeigte ihnen, daß ich Bretter brauchte.

Bretter?

Bretter für eine Stellage, für die Medikamente und für die Bücher und für allerlei Krimskrams, wenn es schon keinen Schrank dafür gab.

Aber Bretter gab es nicht im Dorf. Es war auch kein Schreiner in Huayllas, überhaupt kein Handwerker. Sie waren alle Campesinos. Bauern.

Kein Mensch hatte mir gesagt, daß es hier keine Bretter geben würde. Und dabei wäre ich froh gewesen über Schalungsbretter, wie sie bei uns auf den Baustellen vergammelten.

Es gibt eine Armut, die nicht mehr vorstellbar ist. Und der begegnete ich hier.

Die Hütten – Häuser waren es kaum – bestanden in der Hauptsache aus Lehm, in den Außenwänden waren zuweilen ein paar Feldsteine verarbeitet, mehr nicht. Ich ging von Tür zu Tür und begrüßte die Frauen. Unsicher lächelten sie und sahen an mir vorbei. Ich versuchte meine Unsicherheit zu überspielen. Ich fragte nach den Kindern, und was man halt so fragt, wenn man sich so leutselig vorkommt wie Kaiser Joseph.

»Wie viele Kinder?«

»Acht.« Sie zeigte es mit den Fingern. »Acht Kinder.«

»Wie alt bist du?«

»Siebenundzwanzig.«

Siebenundzwanzig und sieht aus wie fünfzig.

Sechs Kinder, sie zeigt es wieder mit den Fingern, sind schon Engel, nur zwei leben noch.

Es ist fast ein Standardgespräch. Die Frauen klagten nicht, daß ihnen so viele Kinder wegstarben. Sie waren es gewöhnt. Man mußte viele Kinder haben, damit ein paar durchkamen und groß wurden. Es war wie mit den Meeresschildkröten und Fregattvögeln. Es mußte so viele junge Meeresschildkröten geben, damit die Fregattvögel sie nicht alle auf ihrem Wettlauf mit dem Tod vom Brutplatz ins Meer fressen konnten. Wenigstens ein paar mußten übrigbleiben.

Ich ging von Haus zu Haus. Ich suchte etwas, was mir Mut machen konnte. Aber was sollte mir Mut machen? Die ausgemergelten älteren Frauen, die jüngeren, denen das gleiche Schicksal blühte, wenn sie nicht vorher an einer Krankheit starben oder an einer Entbindung? Einige waren schwanger. Würde ihr Kind leben oder noch als Säugling sterben? Und blieb es am Leben, was war das für ein Leben?!

Nachdem ich die paar Dutzend Häuser besucht hatte, ging ich in die Kirche. Sie war ärmlich im Vergleich zu manchen Dorfkirchen bei uns daheim. Aber im Vergleich zu den armseligen Hütten der Indios war sie ein Palast.

Mir fielen die Worte eines konservativen südamerikanischen Bischofs ein, der die Armen arm sein lassen wollte, da sie ja den Reichtum ihrer Kirchen besäßen, die »die Paläste der Armen« seien.

Hatte er die vielen Engel vergessen, die seine Schäflein begruben? Konnte man Gott für eine Kindersterblichkeit von fünfundsiebzig Prozent verantwortlich machen? Freilich hätte es die Leute nicht reicher gemacht, wären all die Kinder am Leben geblieben. Aber mußte eine Frau wirklich achtmal schwanger werden, achtmal Wehen durchstehen, um zwei Kinder zu behalten?

Es ist nicht dein Gut,

mit dem du dich den Armen gegenüber als großzügig erweist. Du gibst ihm nur zurück, was eigentlich ihm gehört.

Denn du hast

dir angeeignet, was zu gemeinsamer Nutzung gegeben ist.

Die Erde ist für alle da, nicht nur für die Reichen.

Kirchenvater Ambrosius (340-397)

Es war wohl richtig, daß ich zunächst die Mütter mit ihren Kindern zu mir bestellt hatte, damit sie so schnell wie möglich Vitaminpräparate bekamen. Soviel ich herausbekommen hatte, starben die meisten Kleinkinder, wenn sie der Mutterbrust entwöhnt wurden. Die Mütter stillten sie meist ein Jahr, dann konnten sie nicht mehr. Das nächste war ja schon da.

Wie sagte meine Großmutter immer? »Die Russen unter den Zaren waren auch arm, aber sie waren so liebenswerte, fröhliche Menschen. Sieh dir jetzt ihre verdrossenen Gesichter an. Lacht da noch einer?«

Meine Großmutter wäre mit den armen Campesinos nicht zufrieden gewesen. Sie waren für arme Menschen nicht fröhlich genug.

Als ich zur Besitzerin der Finca ging, wußte ich schon einiges von ihr. Hart ausgedrückt, bestahl und betrog sie die armen Campesinos. Sie nahm ihnen die halbe Ernte und stellte kein Saatgut. Anspruch hätte sie nur auf ein Drittel der Ernte gehabt, wenn sie das Saatgut stellte.

Ich wurde wütend, wenn ich nur an sie dachte. Was mich besonders aufbrachte war, daß die Campesinos die Señora noch entschuldigten. Sie brauchte doch das Geld für ihren Sohn . . .

Die Señora erwartete mich in einem großen Raum, Ölbilder an den Wänden, verschlissene Teppiche auf dem Fußboden. Alles wirkte ein wenig heruntergekommen. Auch die Besitzerin. Ihr Kleid war altmodisch und ein bißchen schmuddelig, ihr graues Haar nicht gepflegt. Eine alternde Witwe, aber vom Scheitel bis zur Zehe in der Pose einer Herrin. Ein wenig erinnerte sie mich an meine Großmutter. Die konnte sich auch so hinstellen.

Ich gab mich betont salopp.

»Buenos dias, Señora.«

»Buenos dias.« Sie setzte sich in der offensichtlichen Absicht, mich stehen zu lassen.

Ich sagte deshalb: »Ich bleibe lieber stehen, wenn Sie nichts dagegen haben.«

Die Alte versuchte mich mit einem herrischen Blick einzuschüchtern, spürte aber offensichtlich selbst, daß er nicht die gewünschte Wirkung hatte. Einen Augenblick wirkte sie so verblüfft wie die alte Hexe im Märchen, die plötzlich merkt, daß ihre Zaubermittel nicht mehr taugen.

»Sie sind Deutsche?«

»Ja.« Ich hatte keine Lust, mich examinieren zu lassen. »Meine Eltern sind katholisch«, sagte ich. »Mein Vater ist Fabrikant.«

Sie zog die Augenbraue hoch.

»Haben Ihre werten Eltern Sie hierhergeschickt?«

»Nein, Señora. Ich wurde nicht geschickt. Ich bin aus eigenem Entschluß hier.«

Sie schüttelte den Kopf. Sicher hielt sie es für unschicklich, daß ein Mädchen meines Alters eigene Entschlüsse faßte.

»Warum kommen Sie?« fragte sie. »Die Indios sind glücklich. Es ist ein friedlicher Ort. Sie gehen alle in die Kirche, und wenn der Priester kommt und die Messe liest, dann ist es für sie ein großes Fest.«

»Und die vielen Kinder, die sterben?«

»Die kommen direkt in den Himmel. Als Engel. Gott ruft sie, und sie kommen. Sie sitzen zu seiner Rechten. Wer möchte das nicht?«

Das verlogene Gerede ging mir auf die Nerven. »Für mich ist es kein Trost, daß der Himmel den Armen gehört und die Erde den Reichen, Señora. Die Kinder haben ein Recht darauf, zu leben.«

»Die Leute sind zu arm, um viele Kinder zu haben. Deshalb nimmt Gott sie in seiner Liebe zu sich.«

Ich konnte ihr nicht sagen, daß ich ihren Gott nicht mochte. So sagte ich, daß es meine Aufgabe sei, dafür zu sorgen, daß weniger Kinder so früh sterben. Ich deutete auch an, daß, würden mehr Kinder am Leben bleiben, nicht so viele geboren werden müßten. Und ich wechselte dann schnell das Thema, um von der Alphabetisierung zu sprechen.

Natürlich hielt sie nicht viel davon. Wissen machte in ihren Augen die Menschheit nicht glücklicher. Sie hatte auch schon gehört, daß ich dafür gesorgt hatte, daß das Trinkwasser nicht mehr unterhalb des Waschplatzes geholt wurde, wozu? Solange sie denken konnte, hatten die Leute immer dort ihr Wasser geholt . . .

»Die Welt verändert sich, Señora, sogar hier in den Anden. Die Tatsache, daß ich hier bin und daß Ihr Sohn im Ausland ist, beweist es.«

Sie musterte mich böse, ihr Blick bekam etwas Stechendes, ihre Lippen wurden schmal.

»Sie wären besser daheim geblieben.«

»Ich habe meinen Auftrag von hiesigen Stellen.«

Sie schloß die Augen. Unser Gespräch war beendet.

Aber gerade als ich mich anschickte zu gehen, sagte sie: »Unser Priester wird mit Ihnen sprechen. Er wird Ihnen sagen, daß alles gut ist. Er ist ein weiser Mann, schon etwas alt, aber er wird es Ihnen sagen. Hoffentlich kommt er bald herauf, damit er es Ihnen sagt.«

»Ich werde ihm zuhören, und er wird mir zuhören.«

Ich ging.

Draußen fielen mir die Zeichen des Verfalls noch stärker auf. Vor einem Schuppen stand ein Wagen, schief, weil ein Rad zerbrochen war. An den anderen Rädern fehlten bereits Speichen. Das Dach des Wohnhauses war ausbesserungsbedürftig. Es hing wie eine ausgedörrte, löchrige Haut über der Balkenkonstruktion. Wo früher ein hübscher Garten gewesen sein mochte, wucherten mannshohe Disteln . . .

Als ich zu meiner Hütte zurückkehrte, wartete man bereits auf mich. Einige Mütter mit ihren Kindern waren da. Eine fast erblindete Alte, die hoffte, ich könnte sie sehend machen. Ich nahm die Alte zuerst an die Reihe und betrachtete ihre milchig werdende Iris.

»Hast du Schmerzen?« fragte ich.

Nein, Schmerzen hatte sie nicht, sie sah nur fast nichts mehr. Ich hielt meine Hand etwa zehn Zentimeter vor ihre Augen. Sie merkte nur, daß es dunkler wurde. Was sollte ich tun? Meine Augentropfen waren zu kostbar. Ich nahm eine Pipette und tropfte ihr das klare Wasser des Bachs in die Augen.

»Oh«, sagte sie, »gut. Es tut wirklich gut. Sie werden mich gesund machen, Señorita.« Sie sprach wie die meisten Quechua, eine Sprache, in der man sich sehr poetisch ausdrücken kann und die ich verbissen lernte. Es war die Sprache des untergegangenen Inkareiches.

»Ich bin kein médico«, sagte ich, »ich bin kein Arzt, verstehst du? Ich bin nur eine Krankenschwester. Aber vielleicht kommt einmal ein Arzt. Dann werde ich mit ihm sprechen.« Ich wußte, es würde keiner kommen. Die Ärzte saßen in den Städten, und in den Städten sagte man: Die Indios sind wie die Tiere, denken wie Tiere, handeln wie Tiere, leben wie Tiere.

»Was bekommst du?« fragte mich die Alte.

Ich wußte, daß ich etwas verlangen mußte, sollte sie an die »Behandlung« glauben.

»Ein Ei und eine Zwiebel«, sagte ich.

Sie hatte aber nur zwei kleine Zwiebelchen.

»Dann ist es auch gut.«

»Ich bringe das nächstemal ein Ei.«

»Gut«, sagte ich, »in einer Woche.«

Als ich die kleine Esmeralda Quispe ansah, mußte ich an unsere Apotheke daheim denken, nicht an den hübschen Barockbau und an die gewölbte Decke mit Stuckverzierung, nein, an das Regal irgendeiner Firma für Babynahrung, rechts neben der Eingangstür. Ich wäre mir reich vorgekommen, hätte ich dieses Regal mit seinen verschiedenen Kindermenüs und seinen Obstbreis hier in Huayllas gehabt.

Die Kleine starrte mich entsetzt an und klammerte sich an ihre Mutter. Ich wußte, nie würde ich die Augen der Indiokinder vergessen, diese großen hilflosen dunklen Augen.

Eine Vitaminkapsel war im Moment alles, was ich für die Kleine hatte. Ich wollte sie auf den Arm nehmen, schon, um das Vertrauen der Mutter zu gewinnen, aber es war nicht möglich. Sie klammerte sich mit einer Kraft an die Mutter, die ich bei diesem Kind nicht vermutet hätte. So gab ich es auf, bevor sie weinte.

»Ein kräftiges Kind«, lobte ich. »Vielleicht wird es ein anderes Mal zu mir kommen.«

»Morgen«, tröstete mich die Mutter, »mañana.«

Da erst entdeckte ich, daß die Mutter schwanger war. Es war fast unverzeihlich. Ich tat, als hätte ich ihren Zustand gleich zu Beginn bemerkt und fragte: »Seit wann bewegt sich das Kleine?«

Sie überlegte, nannte das Fest eines Heiligen, das zwei Tage später gewesen wäre, ich holte einen Kalender und so rechneten wir gemeinsam die Zeit der Entbindung aus.

Ich schrieb Quispe und ein großes E in den Kasten für den Mittwoch dieser Woche. Dann sagte ich ihr, daß dies ihr Name sei. »Da schau, hier steht er. Ich werde es nicht vergessen. Quispe.«

Sie sah sich ihren Namen an, wie man einen Edelstein ansieht.

Ich fragte sie, das wievielte Kind es sein werde.

»Das fünfte«, sagte sie.

»Und Esmeralda? Das wievielte ist Esmeralda?«

»Das zweite.«

Nach den anderen drei fragte ich nicht. Ich wußte, wo sie waren. Ich sah sie jedoch nicht als Engel direkt zur Rechten Gottes, sondern als kleine, verwesende Leichen draußen auf dem Friedhof.

Meine Lieben,

ich weiß nicht, wie lange dieser Brief unterwegs sein wird, ich geb' ihn Mädchen mit, die heute nach Sucre gehen, um dort am Markt einiges zu verkaufen, wenig genug. Dafür nehmen sie einen Fußmarsch von neun Stunden auf sich. Mir geht es gut, und ich bin gut untergebracht. Das Klima in dieser Höhe ist wunderbar. Ich habe mich noch nie so wohl gefühlt.

Das einzige, was mich bedrückt, ist die Armut der Menschen hier. Sie sind Bauern, aber der ärmste Bergbauer in den Alpen ist ihnen gegenüber ein Fürst. Ihre Hauptnahrung ist Mais. Aber der Mais wächst hier nur etwa kniehoch. Mit Wehmut denke ich an die übermannshohen Maisfelder unserer Bauern.

Auch Kartoffeln gibt es hier. Kein europäischer Bauer würde sich für sie bücken. Sie sind nicht viel größer als Murmeln. Die richtigen Kartoffeln für einen Spielzeugladen, wie ich ihn einmal hatte. Erinnert ihr Euch? Sie zu schälen, wäre ein Witz.

Es stimmt, es werden hier viele Kinder geboren, zu viele. Die meisten sterben nach etwa einem Jahr. Sie schaffen nicht den Übergang von der flüssigen zur festen Nahrung. Von der Mutterbrust, so lange stillen die Frauen hier, zu Maisbrei. Es sind entzückende Kinder, schön noch in Lumpen. Ich bitte Euch, tut etwas für diese Kinder. Ich brauche Geld, ich brauche Medikamente, ich brauche Kindernahrung.

Gestern sah ich etwas, das mir nicht aus dem Kopf geht. Ein Junge ging mit seinem kleinen Schwesterchen durch das Dorf, in dem die Schweine frei herumlaufen. Sie sind gertenschlank und schwarz, und man muß sich an ihre Farbe erst gewöhnen.

Aber zurück zu den beiden Geschwistern. Die Kleine hatte es offenbar eilig und verspürte ein menschliches Rühren. Ein Schwein schien das zu wittern und belästigte das Kind ununterbrochen. Da griff der Junge nach einem Stock und vertrieb das Schwein. – Ihr wißt jetzt, was die

Schweine hier fressen. Trotzdem bereue ich meinen Entschluß nicht.

> Denkt an meine Bitte und handelt rasch.
> Eure Lou.

Mein richtiger Vorname, jener, der im Taufschein steht, ist Marie-Louise, man beachte die Feinheit mit ou. Eine Großmutter und eine Tante hießen so, deshalb muß ich dieses Monstrum herumschleppen. Auch die Namen meiner Brüder tauchen in der Familie immer wieder auf. Carl-Theodor und Ferdinand-Ludwig. Wir haben die Vornamen unserer Vorahnen geerbt, wie wir ihr Porzellan, ihr Silber, ihre Möbel und Teppiche geerbt haben. Würde es einen Telefonapparat aus dem Biedermeier geben, wir hätten ihn auch.

Wann fing mein Abenteuer an? Vor fünf Jahren etwa. Ich erinnere mich genau. Es war Frühlingsabend, wir setzten uns zum Abendessen und warteten wie immer auf Großmutter. Großmutter ist eine Dame, und sie demonstriert das dadurch, daß sie immer als letzte, leicht verwundert zu Tisch kommt, als hätte sie Essen nicht nötig und würde alles, was mit Verdauung zusammenhängt, anders erledigen als andere Menschen. Diesmal schwärmte sie in den höchsten Tönen über die Farben der Tulpen in unserem Garten und den blühenden Forsythienstrauch.

Auch ich freute mich über die Tulpen, den Forsythienstrauch, aber das trällernde Wortgeklingel meiner Großmutter ging mir auf die Nerven. Sie erwartete jedesmal, daß man ihr ebenso wortreich zustimmte, und das konnte ich einfach nicht.

Außerdem hatte ich sie seit langem im Verdacht, sie wolle mit ihren überspannten Naturschilderungen unser Tischgespräch in harmlose Geleise lenken. Die Unterhaltung sollte hübsch seicht dahinplätschern. Tulpen, Frühling, Sonne, Wetter, nur kein Problem. Probleme haßte sie.

»Kind, du bist noch so jung«, sagte sie jedesmal, »so etwas sollst du noch gar nicht wissen.« Oder: »Ich möchte wissen, woher du all diese bedrückenden Gedanken hast. Was liest du, welchen Umgang hast du? Ich in deinem Alter war noch ein Kind, das nur das Schöne sah.«

Sie war es auch noch mit siebzig.

Nun, an diesem Abend vor fünf Jahren wurde von Tulpen gesprochen. Vater sprach von Tulpen, meine Brüder sprachen davon, und meine Mutter erzählte von der Zeit, die sie als Kind bei einem Gewürzmühlenbesitzer in der Nähe von Delft verbracht hatte.

Und während sie alle das blumige Gespräch in Gang hielten, kam unausweichlich die Pflicht auf mich zu, mein Teil dazu beizutragen.

»Nun«, fragte Vater, »und was sagt unsere Marie-Louise zu Großmutters Tulpen?«

Ich antwortete: »Ich erinnere an meinen Gesprächsbeitrag zum gleichen Thema vom vorigen Jahr.«

Großmutter blickte starr auf ihren Teller. Vater rückte an der Brille, Mutter musterte mich von der Seite, und Carl sagte: »Dein Beitrag war anscheinend nicht so bedeutend, daß wir ihn noch in Erinnerung hätten.«

»Dann brauche ich ihn auch nicht zu wiederholen«, erwiderte ich. »Alles was bisher gesagt wurde, hätte auch nicht gesagt werden müssen.«

»Jetzt sagst du etwas!« befahl Vater und legte die Serviette auf den Tisch. »Und zwar sofort!«

»Gut. Ich habe mich entschlossen, Krankenschwester zu werden.«

Sie hätten mich nicht entsetzter ansehen können, wenn ich gesagt hätte, ich wollte Bardame oder Stripteasetänzerin werden.

Nicht daß sie den Beruf der Krankenschwester nicht geachtet hätten. Im Gegenteil, sie hielten ihn für einen sehr nützlichen Beruf. Krankenschwestern waren in unserer Familie immer wieder einmal gebraucht worden. Aber der Beruf hatte einen Makel. Krankenschwestern wurden andere Mädchen. In unserer Familie ergriff man, wenn überhaupt, Berufe, die nicht jedem offenstanden.

»Kind, ist dir klar, was du da sagst?« fragte mein Vater. »Weißt du, was Krankenschwester sein heißt?«

»Ich nehme es an.«

»Das heißt, daß du für ein Trinkgeld fremden Leuten den Hintern abwischen mußt. Weißt du, wie Eiter riecht? Hast du Krebs im letzten Stadium erlebt? Leute, die durch Gummiröhren ein- und ausatmen, die mittels Gummischlauch ihre Verdauung ausscheiden?«

»Lothar, ich bitte dich, bei Tisch!« rief meine Mutter.

»Aber das gibt es doch!« widersprach mein Vater. »Davor darf man doch nicht die Augen verschließen.«

»Eben«, schrie ich beinahe. »Das tun wir sonst doch immer. Ich weiß genau, was mir blüht.«

»Du bist zu jung und zu unerfahren, um das zu wissen. Du wirst von Männern belästigt werden.«

»Nur im Krankenhaus?« fragte ich.

Nun mischte sich Großmutter ein. Sie fand auf dieser Welt so ziemlich alles in Ordnung, ausgenommen die Jugend. Sie sah ein, daß es einige Leute geben mußte, die mehr Geld hatten als wir, und daß es sehr, sehr viele andere geben müßte, die mit wesentlich weniger auszukommen hatten. Verantwortungsgefühl zeigte man in ihren Augen, wenn man gebrauchte Kleidung den Armen gab, anstatt sie in die Mülltonne zu werfen.

»Kind«, sagte meine Großmutter, »siehst du nicht ein, daß du dir damit deine ganze Jugend verderben wirst. Genügt es nicht, wenn man gewisse Dinge später kennenlernt?«

Großmutter fand, daß alles zu früh über den Menschen hereinbrach. Die Schule, das Wissen, die Pflichten, die sexuelle Aufklärung, Krankheit, die Ehe und die Kinder.

Und trotzdem, wenn ich es genau überlegte, mußte ich ihr dankbar sein. Ohne sie wäre ich nie auf den Gedanken gekommen, nach Südamerika zu gehen.

Hätte sie nicht Mauern um unsere heile Welt errichtet und alle bösen Einflüsse von draußen abgeschirmt, ich wäre friedfertig und dumm in unserem Garten geblieben und hätte mich genauso harmlos und nichtssagend über Tulpen unterhalten können wie sie.

Ich bin noch immer zu sehr daran gewöhnt, daß ich nur meine Tasche nehmen muß, mit dem Geld darin, versteht sich, ein paar Häuser oder Straßen weiter laufe, und ich kann mir kaufen, was ich benötige.

Die Zahnpaste ist mir ausgegangen, die Butter, der Pulverkaffee. Manchmal habe ich einen Heißhunger auf Obst, auf Orangen oder Bananen.

Ich tröste mich damit, daß es besser wird, wenn die Regenzeit vorüber ist. Im April etwa, im tiefen Herbst also. Im Mai, Juni, Juli soll es hier Frost geben. Ich weiß nicht, wie meine armen Indios das überstehen.

Ist die Regenzeit vorüber, sinkt der Wasserstand des Cachimayo, und man kann mit dem Auto bis nach Huayllas fahren. Dann kommt jede Woche ein Wagen von Sucre. Es wird unvorstellbar sein, welchen Komfort wir dann haben werden.

Aber bis dahin ist es noch eine lange Zeit.

Manchmal träume ich davon, daß ich daheim aufwache, vor allen anderen nackt ins Badezimmer laufe und mir ein Bad einlasse. Dann gehe ich im Bademantel hinunter, und auf der Treppe schon rieche ich den Kaffee, den Fanni in der Küche bereitet. Fanni ist schon über dreißig Jahre in der Familie, eine brave Haut, die nur unser Wohlbefinden im Auge hat. Ich gehe zu ihr in die Küche und sage: »Fanni, ich frühstücke mal mit dir.« Und sie wird rot und freut sich, sie gibt mir die Zeitung, die nach Druckerschwärze riecht, und sie stellt in einem Körbchen frische Brötchen auf den Tisch und fragt mich, ob ich ein Spiegelei haben möchte. Und ich lese die Zeitung, höre den Speck in der Pfanne brutzeln, ich sehe ihr zu, wie sie mir Kaffee eingießt. Und wie ich die Tasse zum Mund führen will, ist alles aus. Ich bin aufgewacht, und es duftet nicht nach Kaffee, und statt einer Badewanne steht auf einem Brett in der Mauernische eine Waschschüssel aus Hartplastik und ein Eimer, der leider leer ist. Ich muß einen Kilometer gehen, wenn ich mich waschen will.

Zum Glück habe ich es gelernt, den vollen Wassereimer auf dem Kopf zu tragen. Das ist bestimmt eine gute Morgengymnastik, aber manchmal verwünsche ich sie. Bin ich wieder in meiner Hütte, wasche ich mich von oben bis unten, klappre in der Morgenfrische mit den Zähnen, koche mir ein Ei, bereite mir dünnen Tee und esse hartes Brot oder Maisbrei, und ich habe kein Radio, keine Zeitung und, was am schlimmsten ist, niemanden, mit dem ich reden könnte. Ich hätte ihr zugehört, wenn sie über die »entzückenden« Kakteen und »diese wundervolle Blütenpracht« gesprochen hätte, die diese »kleinen stacheligen Gesellen« seit Beginn der Regenzeit hervorgezaubert haben. Ich hätte ihr sogar die unvermeidliche Bemerkung verziehen: »Wie gut es die Leute hier haben! Bei ihnen wachsen die Kakteen im Freien, während wir sie nur in Glashäusern bewundern können.«

Nach den ersten drei Wochen wurde auch das Alleinsein erträglicher. Ich fand meine ersten Schüler. Sie hießen Juan und Paolo, Pasquita und Anna.

Wir sangen zunächst, und dann turnten wir. Und nach dem Turnen stand Rechnen auf dem Stundenplan. Ich hatte in meiner Proviantkiste eine Tüte weißer Bohnen gefunden, die zählten wir zu zehnt ab, bis wir hundert Bohnen hatten.

Eines Tages stand er in der Tür. Er füllte sie fast zur Gänze aus. Sowohl in der Breite wie in der Höhe. Und dies, obwohl er schon ein alter Mann war und etwas gebeugt ging.

Ich wußte sofort, es war der Priester, Don Felipe, von dem die Señora gesprochen hatte.

Er war an die achtzig Jahre alt, hatte volle, rosige Wangen und lächelte. Hinter ihm stand ein Maultier, das ebenfalls einen Blick in meine Hütte werfen wollte. Oder witterte es den ehemaligen Stall?

»Komme ich ungelegen?« fragte er.

»Ungelegen nicht, aber überraschend. Ich hatte nicht mit Ihrem Besuch gerechnet.«

Er wischte sich den Schweiß von der Stirn, tätschelte den Hals des Maultiers und trat ein. Als das Maultier ihm folgen wollte, rief er: »Halt, du bleibst draußen.«

»Vielleicht hat es Durst?« fragte ich.

Er schüttelte den Kopf. »Es hat vorhin den halben Cachimayo ausgetrunken. Es ist nur neugierig. Es hat hier oben noch keine Señorita aus Deutschland gesehen.«

Ich wußte, ich würde mit ihm zurechtkommen. Er hatte etwas, was vielen Priestern fehlte. Man glaubte ihm auf den ersten Blick, daß er ein ganzer Mann war, trotz seines Alters.

Ich rückte ihm meinen einzigen Stuhl hin und hoffte, er würde nicht zusammenbrechen. »Sie waren schon oben in der Finca?«

»Noch nicht. Nein, ich komme von Sucre direkt zu Ihnen . . . Wie gefällt es Ihnen hier, in diesem wunderschönen Land?«

»Sehr gut«, sagte ich. »Ich hatte nicht gedacht, daß ich die Höhe so gut vertrage.«

»Und nicht wahr, Sie fuhren daheim im Winter weg?«

»Ja, es lag Schnee.«

»Ist es nicht wie ein Wunder, vom Winter in den Sommer zu fliegen? Zwei Jahreszeiten auf der gleichen Erde zu haben?«

»Es war wirklich ein Erlebnis.«

»Ich bin nie aus Südamerika hinausgekommen. Ich kenne Rio und Santiago, und als ganz junger Mensch war ich einmal in Buenos Aires. Aber das ist lange her.«

Er schien an seine Jugend zu denken, und vielleicht dachte er auch daran, wie sehr sich die Welt seither geändert hatte.

»Mir ist leider der Kaffee ausgegangen«, entschuldigte ich mich. »Ich bin noch nicht gewohnt, so weit weg von Geschäften und Kaufhäusern zu wohnen.«

»Draußen in der Packtasche habe ich welchen. Würden Sie so lieb sein, sie hereinzubringen? Ich sitze so gut, und mir tut sonst mein Kreuz wieder weh.«

Ich holte die Packtasche, die zu beiden Seiten des Sattels herunterhing. Das Maultier blickte mich verwundert an. Ich strich über seine samtenen Nüstern und beruhigte es.

Juan lehnte draußen an der Mauer. Seit er mein Schüler geworden war, strich er immer in der Nähe meiner Hütte herum. Ich bat ihn, etwas Grünes für das Tier zu holen.

Seine Augen leuchteten auf, und er rannte sofort los. Ich ging zurück ins Haus.

»Da«, sagte der Priester, »da auf der rechten Seite ist der Kaffee. Meine Haushälterin hat ihn gemahlen, niemand kann das so gut wie sie.«

»Wie wollen Sie ihn am liebsten?«

»Schwarz und mit viel Zucker.«

Als ich das kochende Wasser über den Kaffee goß und es in meiner Hütte zu duften begann, fühlte ich mich seltsam beflügelt. Ich reichte Don Felipe die Tasse, und er sah mich an.

»Sie sind Kommunistin, nicht wahr?«

»Nein, wieso fragen Sie?«

»Nur so. Es fiel mir gerade ein.«

Die Hand, mit der er die Tasse hielt, zitterte ein wenig.

»Die Campesinos sind sehr arm«, begann ich.

»Bei Gott«, sagte er, »das sind sie. Aber dafür ist ihnen der Himmel gewiß. Eher geht ein Kamel durch ein Nadelöhr, als ein Reicher in den Himmel kommt.«

»Die Aussicht, daß die Campesinos in den Himmel kommen und die Reichen nicht, befriedigt mich nicht.«

»Man kann die Campesinos nicht zu reichen Leuten machen, womit denn?«

»Aber man könnte ihnen wenigstens das geben, was ihnen zusteht.«

»Und das wäre?«

»Zwei Drittel der Ernte, das steht ihnen zu.«

»Die bekommen sie doch, oder?«

»Señora Martinez nimmt ihnen die Hälfte, und sie stellt nicht einmal das Saatgut. Also bleibt ihnen weniger als die Hälfte.«

»Señora Martinez wird nicht wissen . . .«

»Sie weiß es sehr genau. Darum will sie mich auch nicht hier haben.«

»Ich werde mit der Señora sprechen.«

Ich war noch nicht am Ende. »Es heißt, du sollst nicht stehlen. Warum sagt man das immer nur den Armen? Wann sagt man es endlich einmal den Reichen? Wer sich mehr nimmt, als ihm zusteht, stiehlt. Haben Sie das schon einmal den Reichen gesagt?«

»Werden Sie nicht heftig, Señorita. Sie ändern damit nichts.« Er hatte recht.

»Haben Sie es schon einmal gesagt?«

»Nein«, sagte er. »Ich bin ein alter Mann und anders erzogen als Sie. Wir haben nur gehört, daß es arm und reich geben muß, wir haben uns sicher auch daran gewöhnt. Was wir tun konnten, haben wir getan, glauben Sie mir. Ich bin nicht da, um diese Welt zu verändern, Señorita, aber ich habe stets für die Armen gebettelt, gebettelt und gebetet.«

Ich stand von meinem Bett auf und zeigte ihm die paar Bleistifte, die ich hatte. »Wissen Sie«, fragte ich, »daß ich jeden durchsägen muß, damit alle Kinder einen Bleistift haben, und wissen Sie, wie stolz die Kleinen darauf sind? Meine Buntstifte muß ich in drei Teile teilen.«

»Das nächstemal werde ich Ihnen Bleistifte und Bunt-stifte mitbringen, ganz gewiß, ich vergesse das nicht.«

»Die Mädchen hier steigen drei Stunden den Berg hin-auf in ein anderes Dorf und kaufen dort Eier, und am nächsten Tag gehen sie mit den Eiern nach Sucre, das sind hin und zurück neun Stunden, für zwei, drei Pesos Gewinn. So sparen sie sich die Aussteuer zusammen. Sie kennen sicher andere Mädchen, die von zu Hause ganz anders ausgestattet werden.«

Der alte Mann nickte.

»Verstehen Sie«, fuhr ich fort, »es geht nicht um Al-mosen. Es geht um Gerechtigkeit. Wo so furchtbare Ar-mut herrscht, darf es keine Reichen geben. Alle Hilfe von außen ist umsonst, wenn sich daran nichts ändert.«

»Ich glaube, Sie übertreiben«, sagte der Padre hart. »Wir hatten 1953 eine Agrarreform, der Sindicato wird Ihnen das sicher stolz berichtet haben. Über sechs Millio-nen Hektar Land wurden inzwischen aufgeteilt. An die Campesinos.«

»Sie wissen genau, daß das Land hier oben für die Landwirtschaft fast nicht geeignet ist. Selbst dann nicht, wenn die Anbaumethoden sich bessern und die Leute besser ernährt sind.«

Don Felipe hielt mir die leere Tasse hin. »Und warum sind Sie dann hier?«

»Um einen Anfang zu machen. Wenn nur ein paar von den Kindern hier weggehen, um Lastwagenfahrer, Briefträger oder Facharbeiter zu werden, ist es schon ein Fortschritt. Wenigstens werden sie dann nicht mehr Ko-kablätter gegen den Hunger kauen müssen und entkräf-tet bei der Arbeit zusammenbrechen.«

»Und wie lange bleiben Sie hier?«

Ich wußte, mit dieser Frage war ich aus dem Sattel zu heben. Was ich vorhatte, war eine Lebensaufgabe, und die erledigte man nicht in zwei Jahren.

»Zwei Jahre«, sagte ich kleinlaut. Er merkte es.

»Das ist wenig«, stellte er fest, »sehr wenig. Ich weiß

das, ich bin über achtzig. Aber Sie haben zwei Jahre. Vielleicht habe ich nicht einmal mehr zwei.«

Ich wollte nicht noch mehr in ihn dringen und das Gespräch in allgemeinere Bahnen lenken. »Wer so guten Kaffee trinkt, wird hundert Jahre alt«, sagte ich.

»Hundert werde ich gewiß nicht«, sagte er. »Aber was kann ich tun, Kind?«

»Die Erwachsenen dazu bringen, daß sie in die Abendschule kommen. Die Männer dazu bringen, daß nicht die Frauen die schweren Lasten tragen und die schwerste Arbeit machen.«

»Wissen Sie, warum die Frauen die schweren Lasten tragen?« fragte er.

»Jetzt sagen Sie bitte nicht, daß es Gott so will.«

»Nein, nein, ganz gewiß nicht. Aber früher, wenn die Indios Waren zum Markt brachten, dann trug die Frau die Waren und der Mann die Waffen, um die Frau und die Waren zu beschützen. Nun, jetzt brauchen die Männer keine Waffen mehr zu tragen, also tragen sie nichts. Und die Frauen tragen noch immer die Waren. So fest sitzen hier die Gewohnheiten. Aber wir wollen wenigstens versuchen, sie ein wenig zu ändern.«

Er trank seinen Kaffee aus und stellte die Tasse auf die Kiste zurück. Dann erhob er sich. Ich hatte Angst, der massige Mann würde mir die Stuhllehne zerbrechen, auf die er sich stützte. »Also, wie war das?« fragte er. »Sie nimmt die Hälfte der Ernte von den Campesinos und dürfte nur ein Drittel nehmen?«

»Und dann schickt sie das Geld ins Ausland.«

»Ist das auch nicht recht?«

»Bischof Larrain von Talca sagt, daß es schon viel wäre, wenn jene, die über Geld verfügen, es wenigstens im Land selber anlegten.«

»So, das sagte er«, brummte Don Felipe. Und dann: »Ich werde mich anstrengen, um zu vergessen, wie alt ich bin.«

Schon in der Tür, fragte er: »Und Sie, haben Sie schon einen Novio, einen Bräutigam?«

Ich glaube, ich wurde rot.

Ich sah das Päckchen Kaffee auf der Kiste stehen und rief eifrig: »Ihr Kaffee. Sie dürfen ihn nicht vergessen.«

»Er war für Sie gedacht.«

»Vielen Dank.«

Ich wollte ihm helfen, seine lammfromme Rosinante zu besteigen, aber er war erstaunlich schnell im Sattel.

Er tippte an den Rand seiner breiten Hutkrempe und lächelte verschmitzt: »Adiós, que usted lo pase bien. Hasta luego!« rief er. »Leben Sie wohl und lassen Sie sich es gut gehen. Auf bald.«

»Hasta la vista«, antwortete ich.

Die Hand der Frau Oberin war kühl. Die Berührung war zu kurz, um den Eindruck zu erhalten, ich hätte menschliche Haut berührt. Der Druck der Finger war jedoch energisch gewesen, keineswegs verwaschen oder flüchtig. Lange genug, um ihren Willen zu spüren.

»Bitte«, sagte sie und wies auf einen Stuhl.

»Ich kann leider nicht an einem Wochentag kommen«, sagte ich. »Entschuldigen Sie, daß ich . . .«

Sie schüttelte den Kopf und lächelte flüchtig. Ihre Finger hatten ein goldenes Kreuz erfaßt, das im Zentrum auf weißem Email das rote Kreuz zeigte.

»Eine Frage: Wissen Ihre Eltern von Ihrem Besuch?«

»Nein. Ich wollte mich erst erkundigen, wie lange die Ausbildungszeit ist.«

»Es ist Ihnen klar, daß Sie hier leben müssen?«

»Ja.«

»Die Schwesternschülerinnen haben keine Einzelzimmer. Ausnahmslos.«

»Das würde mich nicht stören.«

»Welche Schulbildung haben Sie?«

»Sechs Klassen Gymnasium, ich möchte aufhören.«

Ganze 5,280 Millionen Quadratmeter
Boden gehörten

einem

einzigen chilenischen
Großgrundbesitzer,

der unter Allende teilweise enteignet
wurde.

Salvador Allende zu Régis Debray

»Dann sind Sie erst sechzehn?«

»Nein, siebzehn. Ich wurde ein Jahr später in die Schule gesteckt, weil ich als Kind oft krank war.«

»Die Zustimmung Ihrer Eltern ist unbedingt nötig.«

»Ich weiß. Ich werde sie erbringen.«

»Erzählen Sie mir von Ihrer Familie.«

Ich erzählte von meiner Familie und sah, daß die Oberschwester den Eindruck gewann, daß es sich um eine intakte, anständige Familie handelte.

»Und warum sitzen Sie hier?«

»Man muß einen Beruf haben, wenn man in ein Entwicklungsland gehen will.«

»Sie wissen, daß es auch bei uns zuwenig Krankenschwestern gibt?«

»Ja. Ich möchte nicht für immer fortbleiben.«

»Und warum möchten Sie ausgerechnet in ein Entwicklungsland?«

»Da gibt es nicht viel zu erklären. Ich fühle, daß ich es tun muß.«

Die Oberin lächelte. »Haben Sie bereits eine Vorstellung, wohin Sie gehen wollen?«

»Am liebsten nach Südamerika. Ich bin in Latein sehr gut. Und Spanisch macht mir keine Schwierigkeiten.«

»Und die Berufswahl fiel nicht nur, um so schnell wie möglich weit weg von der Familie zu kommen, mit der man, ach, so unzufrieden ist?«

Ich war betroffen und überlegte. Wollte ich wirklich Krankenschwester werden? War das der Job, der mich reizte?

»Ich glaube nicht«, entgegnete ich. »Dann hätte ich mir andere, einträglichere Berufe ausgesucht. Natürlich liegt es auch an meiner Familie, daß ich mich so und nicht anders entschieden habe.«

»Das gute Beispiel«, sagte die Oberin.

»Manchmal sind auch schlechte Beispiele gute Beispiele.«

»Und worin besteht das schlechte Beispiel?«

»Daß man am anderen nur verdienen will. Durch den Likör, den man verkauft, durch die Vermietung der Wohnungen, die man aus dem Gewinn der Likörfabrik gebaut hat, durch die Aktien, die man vom Mieterlös kauft, durch die Grundstücke, die man wiederum aus deren Gewinn erwirbt. Es ist ein perfektes System, das sogar dann funktioniert, wenn plötzlich kein Mensch mehr Likör trinkt.«

»Kein strafbares System, soviel ich weiß.«

»Die Wohnung ist keine Ware«, sagte ich böse.

»Sondern?«

»Ein Recht.«

»Hören Sie, meine Liebe«, sagte die Frau Oberin, sie hatte die Augen dabei fast geschlossen, »überlegen Sie es sich noch einmal. Krankenschwester wird man nicht *gegen*, sondern *für* etwas.«

»Konnten Sie die Beweggründe für Ihre Entscheidungen immer genau formulieren?« fragte ich grob.

Das war wohl zu direkt gefragt. Die Frau Oberin errötete. Sie war Gegenfragen nicht gewöhnt. Ich sagte schnell: »Ich habe daheim ziemlich viel Freiheit. Wenn ich das aufgebe, dann sicher nicht nur, weil ich ›gegen‹ etwas bin. Ich bin jung und kann vieles, was ich empfinde, nicht ausdrücken. Ich bin dafür, daß die Welt anders wird, und ich habe mir den Kopf zerbrochen, was ich dazu tun kann. Ich will nicht endlose Palaver abhalten und das bedauernswerte Los von Unterprivilegierten diskutieren. Gequatsche ändert nichts. Ich will etwas tun, und dazu brauche ich einen Beruf. Die anderen Möglichkeiten kommen nicht in Frage, weil mir die Ausbildung zu lange dauert.«

»An welche Möglichkeiten hatten Sie denn noch gedacht?«

»Ärztin, zum Beispiel, aber so viele Jahre kann ich nicht warten.«

»Sie hätten ein ganz anderes Wissen.«

»Wer schnell gibt, gibt doppelt.«

Die Frau Oberin erhob sich. Die Unterredung war beendet. Sie ging mit mir über den spiegelnd sauberen Flur hinüber in den Bürotrakt und schloß ihr Zimmer auf. Ich erhielt zwei, drei Broschüren und wurde mit einem Händedruck entlassen.

Lieber Tobbi,

ich gebe diesem Brief kein Datum. Er wird ohnehin einige Tage hier liegenbleiben, oder besser gesagt, in seinem Umschlag gegen die Fensterscheibe gelehnt dastehen, damit ich nicht vergesse, ihn einem der Mädchen mitzugeben, das nach Sucre auf den Markt geht. Hin und zurück ein Fußmarsch von neun Stunden.

Ich schreibe Dir, weil ich gerade an den Tag dachte, an dem wir nach Amberg fuhren, zu der Schwesternschule, Du weißt. Du hast auf mich in dem Lokal gewartet, wo es furchtbar laut zuging, und wo Du der einzige warst, der älter war als achtzehn. Sie haben Dich alle so seltsam angeguckt, weil Du zu deinem Glas Mineralwasser einen Sektquirl verlangt hast.

Mir fällt Dein Auto ein, Dein windschiefer »Deux Chevaux« im Intellektuellenlook. Mit viel Rost also. Ich weiß noch, daß sie damals ›I got you under my skin‹ gespielt haben.

Und auf der Heimfahrt war die Straße voll Schneematsch. Ich sehe noch den Wald rechts und links von der Straße, wo wir hielten, damit deine zwei Pferdchen verschnaufen konnten. Wir rochen den Duft von nasser Baumrinde, tauendem Schnee, Fichtennadeln, moderndem Laub und auftauender Erde.

Du hast mich geküßt, und Du warst ärgerlich, weil ich nicht gleich in Flammen stand, denn ich dachte an Südamerika. Es gibt so viele Anfänge, auch dieser Kuß war einer, und alle Anfänge enden hier, an diesem Punkt der Welt, von wo ich Dir jetzt schreibe.

Du hast mich damals nach dem Kuß ausgiebig interviewt. Du wolltest wissen, ob es mir nicht kalt und heiß den Rücken hinuntergelaufen sei, und ob mein Pulsschlag normal geblieben war und meine Zähne nicht vor Leidenschaft klapperten.

Jetzt wäre das alles ganz anders, Tobbi. Kämst Du hier in meinen ausgedienten Eselstall herein, würde ich stottern und mit den Zähnen klappern, und Dich umarmen und küssen, daß Dir Hören und Sehen verginge.

Ich fange an, mit mir selbst zu reden, so allein bin ich. Ich weiß nicht, was in der Welt vorgeht, ich bekomme im besten Fall alle drei, vier Wochen Post. Und manchmal ist sie schon sechs Wochen alt.

Die Zeit scheint hier aufgehoben. Hätte ich nicht meinen Kalender, ich wüßte nicht, wie lange ich schon hier bin. Außerdem ist alles verkehrt. Wir haben April, und es geht auf den Winter zu. Ich krame wie wahnsinnig in meinen »grauen Zellen« herum, um auf ein Kindergedicht zu kommen, das »Verkehrte Welt« heißt. Mir fällt es nicht mehr ein. Schade. Ich bilde mir ein, es könnte mir helfen, mit dieser »verkehrten Welt« hier fertig zu werden. Manchmal wünsche ich, ich hätte ein Bild von Dir, weil ich nicht immer nur mit meinem Spiegelbild sprechen kann.

Zuerst dachte ich, es würde mir helfen, hier eine Feindin zu haben, und natürlich auch einen Freund. Aber wenn ich allein bin, nützt das wenig. Manchmal hoffe ich, daß der Feindin eine neue Bosheit einfallen möge. Nur, damit ich darauf reagieren kann. Und dann bin ich froh, wenn sie plötzlich einen Streifen Land beansprucht, der nicht mehr ihr gehört. Und dann setzen wir uns zusammen, der Sindicato, das ist so eine Art Bürgermeister und Gewerkschaftsmann, und noch ein paar jüngere Männer, und zeigen Señora Martinez, daß wir auch jemand sind.

Ich kann hier nicht viel erreichen. Ich weiß das. Und jeweils nach ein paar Schritten stehe ich schon wieder am Rand meiner Möglichkeiten. Und ich merke auch langsam, wie gefährlich die Alphabetisierung ist, denn was nützt sie, wenn die Armen dann nur das lesen, was die Reichen schreiben und drucken lassen?

Trotzdem, wenn ich erreiche, daß die Leute hier im Dorf den Kopf vor den Reichen weniger tief neigen, ist es schon viel. Wenn ich erreiche, daß ein paar junge Leute aus den Bergen auswandern in fruchtbarere Gegenden, wo es ihnen besser geht, dann ist wenigstens ein Anfang gemacht.

Tobbi, ich könnte hier stundenlang sitzen und Briefe schreiben. Aber was soll ich Dir noch sagen? Daß ich glaube, der Vinchuquas Herr geworden zu sein, daß ich die ersten Nächte nicht richtig zu schlafen wagte, weil ich mir nicht gleich zu Anfang durch ihren Biß eine Krankheit holen wollte . . .

Ich will Schluß machen, Juan Serrudo hat an die Tür geklopft. Er ist mein gelehrigster Schüler. Es scheint eilig zu sein.   Herzlichst, Lou

Als ich vor die Tür trat, winkte mir Juan und lief voraus. Es war kein weiter Weg. Weite Wege gab es nicht in Huayllas.

Ich rannte hinter Juan her, meine Erste-Hilfe-Tasche in der Hand. Wir trafen niemanden. Nur ein paar schwarze Schweine setzten sich in Trab, als fürchteten sie, wir kämen mit dem Schlachtmesser.

Ich trat hinter Juan in die Hütte. Drinnen war es dunkel, nur eine Petroleumlampe mit stark verrußtem Zylinder brannte. Ich erkannte eine Stange, auf der Ponchos hingen, den Mann auf dem Lager aus Schaffell, Betten hatten sie nicht, Holz war zu teuer für die Indios, die Frau am Fußende davor, die zwei Kinder, die sich in eine Ecke drückten.

»Pedro!« rief die Frau, »Pedro, die Señorita, Pedro wach auf und begrüße sie. Sie ist da.«

Pedro rührte sich nicht.

»Er wird müde sein«, beruhigte ich sie und trat an das Lager. Der Mann lag ganz entspannt auf dem Schaffell, als wäre er froh, sich endlich ausruhen zu können. Er war tot.

»Was hat er denn getan?« fragte ich.

»Er hat Steine gekarrt. Für die Finca. Eine Stallmauer war eingefallen.«

Ich betrachtete den Toten, seine ausgezehrte Gestalt. Die Falten in seinem Gesicht, obwohl er höchstens fünfunddreißig sein mochte. Er war einen für die Indios typischen Tod gestorben. An Entkräftung. Sie kauen Kokablätter, um den Hunger zu unterdrücken, und eines Tages fallen sie um und sind tot.

Ich mußte mich überwinden, seinen Puls zu suchen. Er war der erste Tote, den ich hier sah, der kein Kleinkind war und kein Greis. Und ich wußte nicht, wie ich es der Frau klarmachen sollte. Mir ging so vieles durch den Kopf. Mir kamen Speisekarten in europäischen Restaurants in den Sinn, Sparte »Für die schlanke Linie«, die Slogans aus dem Werbefunk: »Der Schinken, der auf der Zunge zergeht«, »Weinbrandbohnen, ein Genuß für Schlemmer«, »Hähnchen aus Holland« und »Prima, prima aus Dänemark«. Ich sah die Berge Schweizer Käsesorten bunt vor dem Matterhorn aufgetürmt in den Illustrierten und dachte verbittert, was es genützt hätte, wenn hier nur ein paar Krümchen frisch auf den Tisch gekommen wären. Vom schlanken Schlemmer bis hin zur Hollywoodkur fiel mir alles ein. Von der Vernichtung der Überproduktion in der EWG bis zu den Appetithemmern, die in den Schaufenstern der Apotheken angepriesen wurden.

Selbstverständlich fühlte ich keinen Puls mehr. Sein Körper erkaltete.

Auch die Frau schien langsam zu verstehen. Ihr Blick suchte den meinen. Sie fragte mich stumm, und ich antwortete stumm.

»Er ist schon im Himmel«, sagte ich irgendwann einmal laut, und wagte nicht auszusprechen, was ich dachte: »Wenn es ihn gibt.« Es wäre ungerecht gewesen, ihnen den Himmel auch noch zu nehmen. Er war der einzige Trost für jene, die noch lebten.

Ich bewunderte die Frau, weil sie still blieb.

Sie schrie nicht auf, sie krallte ihre Hände nicht in meinen Arm und bat mich nicht zu sagen, es sei alles nicht wahr. Sie senkte den Kopf, und als sie ihn hob, sah sie mich mit brennenden Augen an. Verwandelt, entrückt, zur Witwe geworden, fast geschlechtslos.

»Wer wird jetzt mit mir auf den Markt gehen?« fragte sie leise.

»Wer wird mich durch den Cachimayo führen?

Wer wird den störrischen Esel antreiben?

Wer wird aus der großen Schüssel essen?«

Es klang wie eine Litanei. Eine Litanei in Quechua. Ich bewunderte die Frau, weil sie soviel Würde bewahrte.

»Wer wird den Ochsen aufs Feld führen?

Wer wird die Kinder hochheben und sie an sich drücken?

Wer wird die Charango spielen?

Und wer wird da sein, wenn ich mich fürchte?«

Ich fühlte, wie meine Augen brannten. War es Schopenhauer, der gesagt hatte, der Tod hocke im Teller? Er hatte bestimmt den vollen und nicht den leeren Teller gemeint. Wie verkehrt war auch hier die Welt.

»Wer wird nun den Mais brechen?

Und wer wird den Chicha trinken?

Wer den Kindern ein Geschenk mitbringen?«

Vor der Hütte wurde es unruhig. Ich gab Juan ein Zeichen, und er öffnete die Tür.

Da strömten sie herein. Der Sindicato, die Quispe, die Serrudo, die Serrano und die Alte mit den milchigen Augen, der ich nicht helfen konnte.

»Ich sehe«, rief sie. »Ich sehe es ganz genau. Er ist im Himmel, und seine Augen glänzen.«

Ich nahm meine Tasche und ging. Ich zwängte mich durch die Leute und trat hinaus auf die Dorfstraße. Es wurde rasch dunkel, und es lag ein seltsames Schweigen in der Luft. Der Himmel war wolkenlos. Es wurde kühl. Am anderen Ende des Dorfes kläffte ein Hund.

Da hörte ich Schritte hinter mir. Ich drehte mich rasch um. Aber es war nur Juan, der immer mehr zu meinem Schatten wurde.

»Was ist, Juan?«

»Nichts, ich begleite Sie nur, Señorita.«

»Hast du Hunger, Juan?«

»Nein.«

Er hatte Hunger, ich wußte es. Auch ich hatte Hunger, und ich konnte meine Röcke nur mehr mit Sicherheitsnadeln daran hindern, mir am Körper herunterzurutschen. Ich machte die natürlichste Abmagerungskur der Welt. Ich hatte wenig zu essen.

Heute jedoch sollte es festlich zugehen. Ich stellte Wasser auf meinen Kocher, salzte es und schüttete Maisgrieß dazu, als das Wasser kochte. Dann mußte man rühren, damit der Maisgrieß nicht ansetzte. Das übernahm Juan. Ich schnitt auf dem Brett eine kleine Zwiebel, öffnete meine letzte Dose mit fünf Würstchen und schnitt auch diese, stellte, als der Maisgrieß gar war, die Bratpfanne auf den Kocher, goß einen Schuß Öl hinein, röstete dann die Zwiebel, gab die geschnittenen Würstchen dazu, häufte den Maisbrei auf zwei Teller, und teilte dann Zwiebel und Würstchen und Öl gerecht zwischen mir und Juan auf.

Es war für ihn ein Festessen. »Das ist gut«, sagte er immer wieder und riß seine Augen auf. »Das ist sehr, sehr gut.«

»Willst du etwas lernen, Juan?« fragte ich, als wir fertig waren.

»Ja.«

»Schreiben, lesen?«

»Ja.«

»Aber ich lehre dich es nur, wenn du dabei bleibst, verstanden? Und du mußt mir dafür helfen.«

Er nickte.

Ich holte einen Bleistift aus meiner Kiste und Papier.

»Ich gebe dir einen ganzen Bleistift«, sagte ich, »nicht nur einen halben, damit du siehst, daß ich dir glaube. Aber du mußt auf ihn achtgeben. Du darfst ihn nicht fallen lassen, sonst zerbricht das Schwarze, die Mine, und du kannst nicht mehr damit schreiben.«

Er nickte eifrig.

Ich schrieb als erstes »Juan« und sagte ihm, was es bedeutete. Und dann ließ ich es ihn versuchen.

Juan umkrampfte den Bleistift, biß sich in die Unterlippe und versuchte es. Die Spitze brach ab. Seine Augen füllten sich mit Entsetzen, aber ich tröstete ihn und spitzte den Bleistift.

Ab der zweiten Zeile, die er schrieb, konnte man das Wort »Juan« beinahe lesen. Bei seinem Familiennamen Serrudo war das schwieriger. Dann schrieben wir »Peso« und »Campesino«, und er kam von selbst darauf, wann sich Buchstaben, die bereits in einem gelernten Wort vorhanden waren, wiederholten. Jedes Erkennen war ein Augenblick der Freude. Es war für ihn, als ob er Freunde träfe.

Ich ließ es bei den vier Worten am ersten Tag. Aber ich zeigte ihm, welche Geschichte man aus den vier Worten machen konnte:

Juan Serrudo war ein intelligenter Junge, der lernen wollte. Er wohnte bei den Campesinos in Huayllas, aber da er etwas lernen wollte, lesen und schreiben, würde er einmal hinunterziehen können in ein fruchtbares Land. Dorthin, wo der Mais so hoch wuchs, daß Männer in einem Maisfeld verschwanden, und wo die Kartoffeln so groß wie Männerfäuste waren. Dort unten würde er dann Pesos verdienen für seine Frau und seine Kinder. Und weil er lesen konnte, wie man Kinder richtig und gut ernährte, würden seine Kinder nicht nach einem Jahr sterben, und er selbst würde immer so viel verdienen, daß er nicht vor Hunger umfiel und tot war.

Ich gab Juan zu seinem Bleistift noch ein paar Blatt Papier mit, damit er üben könne.

Er kochte mir eine Tasse Kaffee. Wieviel hätte ich darum gegeben, hätte ich jetzt jemanden gehabt, mit dem ich reden konnte. Statt dessen schrieb ich an Tobbi weiter. Ich konnte den Toten nicht vergessen. Warum hatte er verhungern müssen? In einer Welt, die doch genügend Lebensmittel für alle erzeugen konnte.

Auf der nördlichen Halbkugel wußte man in vielen Ländern nicht, wohin mit den Lebensmitteln. Man warf sie weg, vernichtete sie. Man verlockte die Menschen mit teurer Werbung zu vermehrtem Konsum. Und wenn viele dabei übergewichtig wurden, so war das ihr eigener Schaden.

Das Produktionsproblem war also gelöst.

Wie sah es mit dem Verteilungssystem aus? Die Verkehrsmittel waren so zahlreich, das Verkehrsnetz so dicht, die technischen Möglichkeiten, neue Verbindungen zu schaffen, schier unbegrenzt. Das Transportproblem war also zu lösen.

Woran lag es also?

Am Geld. – Auch Geld gab es genug. Aber wie löste man dessen Verteilung? Und wieso war Geld für die Entwicklungsländer scheinbar nur dann in Hülle und Fülle vorhanden, wenn es darum ging, dort Krieg zu führen?

Es war schon fast Winter, als sie auftauchte. Mitte Mai. »Hallo«, sagte sie, »da bin ich.«

Ich sah sie an wie eine Erscheinung. Wie kam sie hierher, wie war das möglich?

»Ganz einfach«, sagte sie, »mit dem Jeep. Joe ist draußen. Ich glaube, er hat etwas für dich.«

«Die Achtung, die wir für das sacrosancte Eigentum noch... gehabt hatten, ging im Laufe des Kampfes verloren, und wir verstanden endlich, daß

das Leben eines einzelnen menschlichen Wesens millionenfach mehr wert ist als das Eigentum des reichsten Mannes der Welt.»

Ernesto Che Guevara

Ich lief auf die Plaza, und da stand wirklich Joe mit dem Wagen. Und um ihn herum ein Haufen Leute.

»Joe«, rief ich, »wie kommst du hierher?«

»Durch den Cachimayo. Ich habe es versucht, und es ging. Das Wasser war nicht mehr so tief. Jetzt, im Winter, komme ich ja öfter; du mußt mir nur aufschreiben, was du brauchst.«

»Mensch«, rief ich, »so schön es hier ist, aber ich bin langsam verrückt geworden. Wenn du niemanden hast, mit dem du reden kannst, kriegst du einen Koller. Wie geht es dir?«

»Prächtig. Meine zwei Jahre sind bald um. Dann geht's nach Hause. Über Neuseeland, Australien, Japan. Dann kann ich meinen Kindern später erzählen, ich kenne die Erde auch unter der Gürtellinie.«

»Wieso kommt die Neue?«

»Sie ist Lehrerin. Sie soll dir bei der Alphabetisierung helfen. Du kannst dich dann vielleicht mehr um die Kranken kümmern.«

»Hast du Medikamente mitgebracht?«

»Eine ganze Kiste voll.« Er sprang auf den Jeep und reichte sie mir.

»Sonst noch etwas?«

»Klar. Lebensmittel und einen ganzen Stoß Briefe. Auch Pakete.«

Ich rannte zunächst mit den Medikamenten zur Hütte. Oh, es war so ungewohnt, einen Wagen auf der Plaza zu sehen. Die Wärme zu spüren, die vom Kühler ausstrahlte, den Benzingeruch zu riechen, die warmen Reifen.

Joe reichte mir Kartons mit Lebensmitteln herunter.

»Was hältst du von der Neuen?« fragte ich.

Er hob die Schultern. »Weiß nicht. Bei dir hatte ich ein anderes Gefühl, du mußtest ja durch den Cachimayo gehen. Sie wäre vielleicht umgekehrt. Warte, das Feldbett trage ich.«

Ich rückte mein Bett zur Seite. Die Neue stand etwas

verloren im Raum, und ich glaube, sie suchte einen Licht-
schalter oder eine Steckdose.

»Na?« fragte Joe sie. »Dieser Komfort haut dich um?
Suchst du die Klimaanlage?«

»Nicht direkt«, sagte sie. Dann fiel ihr ein, daß sie mir
ihren Namen noch nicht gesagt hatte. Sie hieß Christa.

»Wie sind denn hier die Leute?« fragte sie.

»Nett«, sagte ich, »du wirst sehen. Es stimmt nicht,
daß die Indios phlegmatisch sind. Man muß ihnen nur
Hoffnung geben.«

»Und die Kinder?«

»Sie freuen sich furchtbar, wenn man sich mit ihnen
beschäftigt, und wenn sie etwas lernen, wie alle Kinder.«

»Ich glaube, ich habe einen Riesenbammel«, sagte
Christa. Und das machte sie liebenswert. Sie gab es wenigstens zu.

Wir gingen noch einmal hinaus und holten den Rest.
Decken und Bettwäsche, Waschmittel und einen Karton
mit Briefen und Päckchen für mich.

Joe half uns, die Sachen hereinzutragen, dann mußte
er Huayllas wieder verlassen.

Wir gingen mit ihm zurück bis zum Jeep und verab-
schiedeten uns. Ein paar größere Jungen durften mit auf-
sitzen und ein Stück mitfahren.

Juan stand etwas abseits und betrachtete den Wagen.

»Willst du auch ein Stück mitfahren?« fragte ich ihn.

Er schüttelte den Kopf, aber ich sah, daß er wollte. Ich
kämpfte ihm den Sitz neben dem Fahrer frei.

»Juan ist mir eine große Hilfe«, erklärte ich Christa
und Joe. Und Juan strahlte.

Der Motor sprang an. Staub wirbelte auf, Schweine
stoben auseinander. Wir waren wieder allein. Auf Au-
ßenposten.

Aber ich war nicht mehr so ganz allein.

Wir erzählten einander bis tief in die Nacht hinein.
Zuerst mußte ich Christa alles erzählen. Dann fragte ich

sie. Sie war Beamtentochter, einziges Kind. Und sie hatte sich alles ganz anders vorgestellt.

»Natürlich habe ich nicht an einen Liegestuhl unter Palmen gedacht«, sagte sie. »Aber ich hatte angenommen, daß wir wenigstens einen Propangaskocher hätten und die Möglichkeit zu duschen.«

»Du gewöhnst dich dran«, tröstete ich sie. »Ich war auch die ersten Tage verzweifelt. Und dazu noch allein.«

»Und wie hast du es geschafft?«

»Ich habe mich nach einer Feindin umgesehen, und ich habe sie gefunden.«

»Wen?«

»Die Finquera, die Besitzerin der Finca.«

»Auch noch eine Feindin!« sagte sie verzagt.

Ich las meine Post, während sie sich wusch. Briefe von daheim. Von den Eltern und von Tobbi. Er schrieb sehr ulkig, und er konnte herrlich Leute charakterisieren. Er hatte das Gedicht ›Die verkehrte Welt‹ gefunden. Es ging so:

Des Abends, wenn ich früh aufsteh,
des Morgens, wenn ich zu Bette geh,
dann krähen die Hühner, dann gackert der Hahn,
dann fängt das Korn zu dreschen an.

Die Magd, die steckt den Ofen ins Feuer,
die Frau, die schlägt drei Suppen in die Eier,
der Knecht, der kehrt mit der Stube den Besen,
da sitzen die Erbsen, die Kinder zu lesen.

Der Stall ist aus dem Pferde geloffen,
der Branntwein hat sich am Bauern versoffen,
arg haben die Linsen die Mäuse zerbissen,
die Hosen haben den Peter zerrissen.

O weh, wie sind mir die Stiefel geschwollen,
daß sie nicht in die Beine 'nein wollen!
Nimm drei Pfund Stiefel und schmiere das Fett,
dann stelle mir vor die Stiefel das Bett!

Auch Großmutter hatte geschrieben. Eine Menge guter Ratschläge. Es fehlte nur der, ich sollte abends nicht zu lange ausgehen. Ich war ein bißchen enttäuscht. Vater hatte nur fünfhundert geschickt. Das war für ihn ein Betrag, den er nicht spürte. Ich hatte gehofft, es würden mindestens tausend sein. Aber hatten wir alle uns nicht das Geben abgewöhnt? Wenn wir gaben, dann waren es Almosen, Beträge, die man entbehren konnte.

Zu spät merkte ich, daß Christa unseren ganzen Wasservorrat verbraucht hatte.

Sie entschuldigte sich und nahm den Wassereimer. »Ich hole dir gleich frisches Wasser. Wo ist der Brunnen?«

»Es sind fünfhundert Meter den Hang hinunter zum Bach. Und im Dunkeln kann man auf dem Pfad leicht ausrutschen.«

»Dann hole ich gleich morgen früh das Wasser«, versprach sie.

Am nächsten Morgen stand ich vor einem pädagogischen Problem. Christa war nicht wach zu bekommen. So ging ich hinunter zum Bach, holte Wasser, wusch mich und kochte mir Kaffee. Ich achtete darauf, daß kein Tropfen Wasser übrig blieb.

Als sie endlich aufstand, streckte sie sich und sagte: »Ach, jetzt hast du sicher schon selbst Wasser geholt.«

»Ja«, sagte ich, »aber nur für mich. Für dich ist keines mehr da. Und bitte, versprich nur, was du halten kannst. Hier muß sich einer auf den anderen verlassen können.«

Sie war zuerst eingeschnappt, aber dann begriff sie wohl, daß ich recht hatte.

Wir machten Pläne, wie wir die Arbeit aufteilen sollten. Es war selbstverständlich, daß ich ihr in Kindergarten und Schule half, ab zehn würde ich dann eine Art Krankenstunde abhalten, nachmittags in die Häuser gehen, um jene Familien besser kennenzulernen, die sich bisher abseits hielten.

Endlich konnte ich auch einen anderen Plan verwirklichen. Wir würden den Lebensmitteleinkauf für das ganze Dorf organisieren, um erstens billiger einzukaufen und zweitens die Familien mit bestimmten wichtigen Nahrungsmitteln besser zu versorgen.

Am Abend wollten wir versuchen, die Alphabetisierung der Erwachsenen voranzutreiben.

Christa war damit einverstanden.

Als wir die erste Abendschule abhielten, kamen nur wenige Erwachsene, insgesamt fünf. Alles jüngere Männer. Ich lief noch schnell in einige Häuser, um mehr Schüler zusammenzutrommeln, aber ich hörte Ausflüchte, Entschuldigungen. Sogar Leute, die mich immer unterstützt hatten, waren plötzlich reserviert.

Auf dem Rückweg begriff ich. Meine Feindin war am Werk gewesen! Sie mußte die Leute eingeschüchtert haben. Ich erzählte daher am ersten Abend diesem Fähnlein der fünf Aufrechten, wie wichtig es sei, Lesen und Schreiben zu können. Alle Leute, zu denen sie aufsahen, und denen es im Vergleich zu ihnen so ungeheuer gut ging, was war das wichtigste Merkmal an ihnen?

Sie konnten lesen und schreiben.

»Oder habt ihr schon einen Finquero gesehen, der nicht lesen und schreiben kann? Einen Priester, einen Präfekten, einen Regierungsbeamten?« Ich erklärte ihnen den Zusammenhang von Lesen und Wissen und den von Wissen und Macht. Ich machte ihnen Komplimente, ich sagte ihnen, daß sie nicht dümmer seien als andere, sie müßten es nur lernen. Sie könnten es, so wie sie gehen könnten, wie sie arbeiten und wie sie atmen könnten.

»Einer, der Füße hat und nicht geht, weil die Señora von der Finca sagt, gehen ist schädlich und macht die Füße kaputt, den haltet ihr alle für dumm. Aber wenn euch einer sagt, daß ihr nicht lesen und schreiben lernen sollt, weil das für euren Kopf schädlich ist, dann müßt ihr ihn erst fragen, ob er nicht selbst liest und schreibt.«

Es dauerte geraume Zeit, bis ich so etwas wie Widerhall verspürte. Ich lobte sie. Ich sagte ihnen, sie seien die

Klügsten, weil sie von Anfang an dabei seien. Ich sagte ihnen, daß es ihre Kinder viel besser haben würden, wenn ihre Eltern schon lesen und schreiben könnten. »Habt ihr gesehen, daß die Kinder des Lehrers in der Stadt, die Kinder des Polizeipräfekten, der Beamten, der Richter so herumlaufen wie die euren?« Ich fragte sie, ob sie dümmer als ihre Kinder sein wollten, die ja schon einiges lesen konnten.

Und dann machte ich es bei ihnen wie bei Juan. Ich schrieb ihre Namen auf. Sie mußten sehen, daß ihr Name nicht nur ein Klang war, sondern auch ein Bild. Ein Bild, das so und so aussah, und mit anderen Namen nicht vertauscht werden konnte. Ich ließ sie die Blätter tauschen, damit sie sehen konnten, daß der Name des anderen ein anderes Schriftbild ergab.

Und dann ließ ich sie »Frau« schreiben und »Kind«. Und wiederum »Peso«. Ich wollte sie daran erinnern, wie ungeheuer knapp bei ihnen das Geld war.

Fast war es entmutigend zu sehen, wie krampfhaft sie die Bleistifte hielten, wie klobig und ungelenk ihre Hände waren. Daran gewöhnt, von Kind auf den Stiel einer Hacke zu halten. Wir mußten ihnen Mut zusprechen, wir durften nicht aufgeben.

Und dann erzählte ich ihnen zu ihren Namen und den Worten Frau, Kind und Peso wieder eine Geschichte. Sie war nicht viel anders als die, welche ich Juan Serrudo erzählt hatte. Nur auf sie persönlich abgestimmt. Ich erzählte ihnen von den fruchtbaren Ebenen im Norden, wo das Klima milder ist, die Luft wärmer, der Boden kräftiger, wo Zitrusfrüchte, Bananen, Kaffee und Kakao reifen.

Nach dem Unterricht war ich erschöpft. Es nützte mir nichts, daß mich Christa bewunderte.

»Ich glaube, ich schaffe das nie«, sagte sie. »Ich kann mich nicht so in sie hineinversetzen. Mir fehlt die Kraft, um sie mitzureißen.«

»Vielleicht stört es dich, daß ich dabei bin und die Leute besser kenne«, sagte ich. »Wie wäre es, wenn ich dich morgen allein ließe? Ich steige hinauf. Ich möchte die Dörfer weiter oben in den Bergen besuchen. Die Indios haben dort niemanden. Sie sind noch ärmer als die in Huayllas.«

Sie wollte nicht recht, aber ich blieb dabei.

Ich brach auf, als der Tag dämmerte. Es war frisch, und der Wind wehte ziemlich stark. Der Himmel war bedeckt, aber es würde keinen Regen geben, dazu war es zu kalt.

Ich hatte mich wie für eine Bergtour angezogen. Anorak, Kniehosen, Wollstrümpfe, Bergschuhe. Im Rucksack hatte ich Medikamente und ein bißchen Proviant. Eine Feldflasche mit Tee, eine Dose Corned beef, Zwieback, Brot. Wir lebten bewußt sehr bescheiden und ernährten uns ähnlich wie die Campesinos. Das war wichtig. Die Indios sahen uns eher als einen der ihren an, und wir verstanden ihre Lage besser. Hatten wir einmal Dinge, die für sie unerschwinglich waren, Kaffee oder Zucker, dann teilten wir sie mit ihnen. Und sie waren sehr dankbar.

Als ich mich nach zwei Stunden Weg ein bißchen hinsetzte, wußte ich, daß es gut war, daß ich gegangen war. Ich hatte so auch einen Tag Zeit für mich. Ich konnte meine Gedanken ordnen, Pläne machen und entscheiden, was sich verwirklichen ließ und was nicht. Ich war in einem seitlichen Hochtal, ziemlich flach und karg. Selbst im Sommer würde hier das Gras nie so grün sein wie bei uns in den Alpen. Büsche und Gestrüpp gab es kaum, und Bäume waren in Huayllas so selten, daß Holz dort eine Kostbarkeit war, kaum zu bezahlen.

Ich wußte plötzlich, was mir hier abging. Mir fehlten die Wälder. Das tiefe Rauschen, wenn der Wind durch sie hindurchfährt. Hier hatte der Wind einen hohen, sirrenden Ton. Die Erde war ihm schutzlos ausgeliefert.

Ich aß einen Zwieback und trank einen Schluck Tee.

Pizarro fiel mir ein, der von der Landenge von Panama die Westküste Südamerikas entlang nach Süden gesegelt war. Auf der Höhe des heutigen Lima ging er an Land. Das war 1532. Er fand keine Wildnis vor, sondern kultiviertes Land, ein ausgeklügeltes Bewässerungssystem, breite Straßen, wie er sie nicht kannte, technisch besser und kühner angelegt als die Römerstraßen. Und dies, obwohl es im Inkastaat keine Pferde gab und das Rad unbekannt war. Pizarro fand mehr, er fand Städte mit Tempeln. Und in den Tempeln Gold.

Und davon konnte das Häuflein Eroberer, 177 Landsknechte, nicht genug haben. Nie hat eine Handvoll Männer die Weltgeschichte so stark beeinflußt. Es ist heute noch ein Rätsel, wie ein so hochorganisierter Staat, der glänzend verwaltet war, zugrunde gehen konnte. Die Bevölkerung war gezählt, das Land vermessen, Lebensmittelvorräte waren in staatlichen Magazinen angelegt und übers ganze Land verstreut. Ja, sogar eine Art Statistik gab es. Man wußte, wieviel Boden man brauchte, um einen Menschen zu ernähren, also mußte man nur mit der Einwohnerzahl multiplizieren, das Land bebauen, und es durfte keinen Hunger geben. Es war ein »grüner Plan«, der funktionierte. Da aber mehr bebaubares Land zur Verfügung stand, wurde das »Mehr« für den Staat bebaut und Reserven angelegt. Der Inkastaat hatte aber noch mehr zu bieten, er war sozial, für Kranke und Alte war gesorgt. Da die Bedürfnisse aller Staatsbürger geregelt waren, sie hatten übrigens nicht Grundbesitz, sondern Bebauungsrecht, war Geld nicht vonnöten, das Gold floß in die Tempel zur Ehre der höchsten Gottheit.

Bei Cajamarca in Peru trafen der Abenteurer Pizarro und der Inka Atahualpa zusammen. Der Inka läßt sich, gefolgt von seinem Führungsstab und seinem Hofstaat, Pizarro arglos entgegentragen, während im Hintergrund sein 40 000-Mann-Heer wartet.

Pizarro läßt das Gefolge des Inka, die Führungsspitze

eines Großreichs, niedermetzeln, den Inka nimmt er gefangen.

Der Inka wehrt sich nicht. Zerbricht in ihm der Glaube an seine Göttlichkeit? Kann man die kopflose Flucht des Heeres, den Zerfall des Staates nur mit religiösen Gründen erklären? Ist es die uralte Prophezeiung, daß weiße Götter kommen werden?

Pizarro läßt von einem Feldgericht den Inka zum Tode verurteilen, und weil der Inka sich taufen läßt und katholisch wird, läßt er ihn nicht verbrennen, sondern in Gegenwart seiner Frauen erdrosseln. Eines der grausamsten Kapitel der Geschichte, mit unwahrscheinlicher Heuchelei im Namen eines allerchristlichen Königs und im Namen Gottes geschrieben, beginnt. Von Heldentum, wie wir es noch in der Schule lernten, keine Spur.

Wenn ich an meine Campesinos dachte, die an den Folgen noch immer litten und starben, stieg kalter Zorn in mir auf. Erst in den letzten Jahren hat die Kirche, die den Eroberern den Rücken stärkte, sich vor die Indios gestellt. Und manche ihrer führenden Mitglieder tun es heute noch halbherzig.

Es war schon dunkel, als ich nach Huayllas zurückkehrte. Christa kauerte auf ihrem Bett, eine Decke über den Schultern, und fror.

»Soll ich Tee machen?« fragte sie. »Ich bin froh, daß du da bist! Ich habe auch Wasser für uns geholt. Das heißt, Juan hat mir geholfen.«

Ich setzte mich auf meinen Stuhl und streckte die Beine aus.

»Was ist los?« fragte Christa und stellte Wasser auf. »Was hast du, bist du müde? Lou, ich schaffe es nicht. Ich kann mit diesen Leuten nicht reden, ich verstehe sie nicht. Ich kann sie nicht begeistern. Nicht so wie du!«

»Ich kann es ja auch nicht«, sagte ich apathisch. »Wozu soll man einen alten Mann begeistern, von dem man weiß, daß er ins Krankenhaus müßte, möglichst mit dem Hubschrauber, weil er einen Zehnstundentransport auf der Tragbahre nicht mehr übersteht.«

»Die Kinder tun sich so schwer mit dem Schreiben«, jammerte Christa. »Ich hätte am liebsten geheult.«

»Du darfst das nicht mit unserer Volksschule verwechseln, wo du nur Kinder hast, deren Eltern alle lesen und schreiben können. Denk daran, daß selbst der Inkastaat mit seiner beispielhaften Verwaltung, mit einem imponierenden Straßennetz, eine einzige Straße war 6000 Kilometer lang und sechs bis neun Meter breit, keine Schrift kannte. Ihr Archiv, wenn du so willst, ihre Datenbank, legten sie in verschieden gefärbten und geknoteten Schnüren an. ›Kipu‹ hießen sie.«

»Hab ich gelesen«, sagte Christa müde. »Vielleicht sind sie eben nur für diese Schrift gebaut. Vielleicht wissen sie noch, daß Kipus ausreichten, die Stärke des Heeres, die Art ihrer Ausrüstung und Verpflegung, die Höhe der Ernten und die Zahl der Einwohner festzuhalten, warum sollen sie dann unsere Schrift lernen, die so viel schwieriger ist?«

Ich war von der Wanderung hungrig und fragte, ob wir eine unserer letzten Wurstdosen öffnen sollten.

Wir taten es. Wir waren hungrig, und wir froren. Der Wind war stärker geworden. Und in unserer Hütte zog es. Wir waren zuwenig, um zusammenzukriechen und uns aneinander zu wärmen wie die Campesinos.

Das Bett war klamm, und ich brauchte eine ganze Weile, bis ich einschlief. Der alte Mann oben in dem Bergdorf ging mir nicht aus dem Kopf. Er würde sterben müssen, und er wußte es auch.

»Wenn du mir nicht helfen kannst, muß ich eben sterben.« Er hatte sich damit abgefunden. Ich wußte nicht, ob ihm eine Amputation seines Beines noch geholfen hätte. Offener Unterschenkelbruch. Als sie eine Windschutzmauer errichteten, war ihm ein schwerer Felsbrokken aufs Bein gefallen, und nun lag er schon mehr als eine Woche.

»Wenn du mir nicht helfen kannst, muß ich eben sterben.« Aber was hätte er mit einem Bein allein da oben angefangen? Ich hatte einen Verband angelegt und ihm Tabletten gegen die Schmerzen gegeben. Er wollte nicht nach Sucre gebracht werden, er wollte bei seinen Leuten bleiben, im Dorf . . .

Christa wimmerte im Schlaf. Sie mußte etwas Schreckliches träumen, ich weckte sie. Das erste, was sie sagte, war: »Ich schaffe es nicht. Nein, ich schaffe es nicht. Ich erreiche sie einfach nicht.«

Dann muß ich eingeschlafen sein. Mitten in der Nacht schreckte ich auf. Ich hatte den Wochenkalender nicht umgeblättert, und da stand groß und eingerahmt: Entbindung Quispe. Das Kind mußte diese Woche kommen.

Ich setzte mich auf und überlegte. Ich konnte ja schnell bei Quispe vorbeisehen. Wenn sie in den Wehen war, dann war es sicher zu hören.

Im Schein der Taschenlampe zog ich mich an, und um Christa keinen unnötigen Schrecken einzujagen, schrieb ich ihr einen Zettel, daß ich bei Quispe sei. Dann schlich ich hinaus.

Der Wind war noch heftiger geworden, und er blies mir Staub ins Gesicht. Ich vermummte Mund und Nase mit einem Schal und zog den Poncho enger um mich. Mit halbgeschlossenen Augen ging ich durch die Nacht.

Als ich vor der Tür der Quispe stand, war es still. Einen Augenblick glaubte ich, einen Lichtschimmer entdeckt zu haben, aber ich hatte mich wohl getäuscht. Die Nacht war schwarz. Der Wind rüttelte an der Tür, wirbelte Staub auf, Milliarden feiner Staubkörnchen sangen, wenn sie Festes berührten. Dann plötzlich hinter der Tür ein Aufstöhnen, fast tierisch. Ich klopfte und rief, daß ich es sei, ich käme, um ihr zu helfen.

Die Tür öffnete sich. Der Wind fuhr in die enge Hütte und löschte die trübe Petroleumfunzel aus. »Ich bin's«,

sagte ich wieder, »ich höre, du hast schon die Wehen.«
Ich knipste meine Taschenlampe an und beleuchtete mein
Gesicht, damit sie mich sehen konnten. Dann holte ich
eine Kerze aus meinem Rucksack und zündete sie an.

Ich roch den Geruch der Armut, und ich war dankbar,
als der Mann sich eine Zigarette drehte und anzündete.

Ich fragte, wann die Wehen eingesetzt hätten und
warum sie mich nicht geholt habe.

»Es ist ja schon das fünfte Kind, Señorita. Und jedesmal ist es leichter gegangen.«

Ich sah mich in der fensterlosen Hütte um. Sie lebten
auf dem Fußboden, und der war kalt. Die kleine Esmiralda lag in der Ecke auf einigen Fellen. Über dem Bett
hingen Stangen, über die waren Kleider geworfen: armselige Röcke, Hosen, Ponchos, schäbige Kinderkleidchen.
Es war ihr Schrank und ihr Schatz. In der Ecke bei der
Kochstelle auf dem Boden schwarzes Tongeschirr, schön
in den Formen, aber angeschlagen und zersprungen.

An der Wand eine »Charango«, neben Flöte und
Trommel das liebste Musikinstrument der Indios. Ver-
gleichbar der südafrikanischen Ukulele. Nur, daß hier
der Resonanzkörper vom Panzer eines Gürteltieres und
einer Holzplatte gebildet wurde.

Die Frau stöhnte auf. Ich ergriff automatisch ihre
Hand und zählte den Puls. Es hatte nicht viel Sinn, aber
es beruhigte sie. Draußen tobte immer stärker der Wind.

Als die Abstände zwischen den Wehen kürzer wurden, befahl ich dem Mann, Wasser zu wärmen. Der sah
seine Frau ratlos an, und als sie nickte, gehorchte er.

Ich war schon bei einigen Entbindungen dabeigewe-
sen, aber ich hatte noch nie eine allein zu Ende gebracht,
schon gar nicht außerhalb einer Klinik. Wenn es soweit
war, riefen wir den Arzt, der kam, sprach ein paar gute
Worte mit der Frau, machte den Dammschnitt, erfaßte
als erster das Neugeborene, gab ihm einen Klaps, über-
reichte es mir oder einer anderen Schwester, wartete auf
die Nachgeburt und nähte den Schnitt wieder zu.

Wir waren immer mehrere gewesen. Immer war eine ältere erfahrene Schwester dabei. Und das Telefon war jederzeit in Reichweite. Eine Entbindung lief ab wie ein Programm. Natürlich gab es zeitliche Verschiebungen, aber das Rituelle, das Eigentliche der Handlung blieb sich immer gleich. Ganz gleich, ob der Arzt nun schweigsam oder gesprächig war, ob er der Mutter gleich zurief, daß sie einen Jungen oder ein Mädchen habe, oder ob er sie brummend beruhigte und dies der Hebamme überließ.

Die Indiofrau schnappte ein paarmal nach Luft, dann stieß sie einen unterdrückten Schrei aus. Ich legte ihr die Hand auf die Schulter. Inzwischen sah ich mich verzweifelt nach einem Platz um, wo sie sich hinlegen konnte, wenn es soweit war.

Zu meinem Glück übernahm der Mann die Leitung, ehe ich anordnete, daß sie sich hinlegen solle. Er holte ein Schaffell von der Stange und breitete es auf dem Fußboden aus. Er tat dies mit ähnlich würdevollen Handgriffen, wie ein Moslem seinen Gebetsteppich aufrollen mag. Die Frau sah ihm dabei zu, atmete keuchend und wischte sich den Schweiß von der Stirn. Dann kniete sie sich auf das Fell. Die Oberschenkel gespreizt. Und ihr Mann kniete sich ihr gegenüber, so daß er mit seinem mageren Körper ihren schweren, schon tief herabgesunkenen Bauch fast berührte.

Draußen war der Wind so stark geworden, daß die armselige Hütte erzitterte. Flaute er für Sekunden ab, dann hörte man, wie der Sand auf die dürren Hartgrashalme des Daches regnete.

Die Frau stöhnte wieder. Sie hatte die Hände auf die Schultern ihres Mannes gelegt. Und er streichelte mit beiden Händen ihren Bauch.

Ich hatte mich ebenfalls auf den Boden gekniet, hatte den Rucksack geöffnet, aber noch nichts herausgenommen. Mir ging so viel durch den Kopf, und die beiden schienen mir so sicher, daß ich nicht eingreifen wollte.

Mir fiel ein, einmal gelesen zu haben, daß südamerikanische Indios im Tiefland unten, in den brasilianischen Urwäldern, ihre Kinder ganz anders zur Welt bringen. Spürte eine Frau die Wehen nahen, dann bestieg sie mit ihrem Mann ein Boot. Sie suchten, bis sie einen Baum fanden, dessen Äste über den Fluß ragten. Wenn die Preßwehen einsetzten, ergriff die Frau mit beiden Händen einen Ast und zog sich hoch, der Mann steuerte das Boot so, daß es immer unter der Frau war, bis das Neugeborene in das Boot fiel . . .

Wieder stöhnte die Frau. Ich sah, wie sich ihre Finger in die Schultern ihres Mannes gruben. Aber er ließ nicht ab, ihren Bauch zu streicheln, immer heftiger. Es war jetzt kein Streicheln mehr, eher eine Massage.

Und dann ging es ganz schnell, ein paar tiefe, heftige Atemzüge, ein gurgelndes Keuchen, der Mann hob den Rock der Frau, und da lag auf dem Schaffell nackt und blutig das Kind. Es bewegte sich. Nun konnte ich helfen; ich nabelte es ab, wusch es und frottierte es trocken. Es war ein Junge, nicht gerade sehr groß und schwer, aber ein richtiges, gesundes Baby. Ich wickelte das Kleine in ein Tuch, das mir der Vater reichte, und übergab es ihm. Er zeigte es der Mutter, die noch immer kniete; offensichtlich wartete sie auf die Nachgeburt. Ich fuhr der Mutter über das schweißnasse Haar und lobte sie. Ich hätte noch nie so eine brave Mama erlebt, sagte ich, und so ein hübsches, gesundes Baby. Sie strahlte und lächelte wie alle Mütter dieser Welt, wenn es überstanden ist.

Ich fragte, ob sie Schmerzen habe, ob vielleicht etwas gerissen sei, aber sie schien mich nicht zu verstehen. Dammriß oder Dammschnitt waren hier unbekannt. Später stand sie auf, schlug das Lammfell schnell zusammen und trug es in den kleinen ummauerten Hof hinaus, den eigentlichen Aufenthaltsraum der Familie am Tage.

Als sie zurückkam, tröstete sie die kleine Esmiralda, die aufgewacht war und ein bißchen weinte. Dann legte sie sich hin, nahm das Neugeborene an sich und wärmte es an ihrem Leib.

Ich zog etwas benommen den Rucksack wieder zu, warf ihn über die Schulter und verabschiedete mich. Bevor ich die Tür öffnete, lobte ich noch einmal den Mann. Von Deutschland war ich schließlich anderes Vaterverhalten gewohnt, aber das sagte ich nicht.

Der Mann lächelte und zeigte mir, wie ich Mund und Nase am besten mit dem Tuch umwickelte.

Als ich wieder im Freien stand, konnte ich kaum atmen, so war die Luft mit Staub erfüllt.

Ich tappte mich mit zusammengekniffenen Augen durch den Sandsturm. Als ich an einer Hausecke nicht mehr weiter wußte, knipste ich die Taschenlampe an. Der Lichtkegel drang nicht weiter als drei Meter. Aber es genügte mir, um mich zu orientieren.

Als ich aufwachte, war es noch immer dunkel. Ich blickte auf das Leuchtzifferblatt meiner Armbanduhr. Es war elf Uhr vorbei, und ich brauchte eine ganze Zeit, bis ich begriff, daß es schon auf Mittag zuging. Es war der Staub, der den Tag zur Nacht machte.

Christa seufzte. Sie mußte in der Nähe des Fensters stehen.

»Was ist?« fragte ich verschlafen und gähnte.

»Generalprobe für den Weltuntergang«, sagte sie großspurig. »Heute kam natürlich kein Kind zur Schule. Was soll denn der Zettel auf dem Tisch? Du schreibst, daß du weg bist, und dann pennst du bis elf?«

»Ich war weg, aber das war in der Nacht. Ich habe nur vergessen, den Zettel wieder wegzunehmen.«

»Und ich habe es nicht gemerkt?«

»Offensichtlich.«

»Meine Güte. Wo warst du denn?«

»Nur im Dorf. Bei einer Entbindung.«

»Du lieber Himmel. Ich wäre sicher aus den Latschen gekippt.«

»So schlimm war es nicht. Zum Glück habe ich mich

nicht eingemischt. Ich glaube, ich hätte mich sonst unsterblich blamiert.«

»Wieso?«

»Weil sie hier die Kinder anders kriegen als bei uns.«

»Anders? Wie denn?«

»Die Frau kniet dabei, und der Mann kniet ihr gegenüber und massiert ihren Bauch. Sie scheinen hier gar nicht zu wissen, was ein Dammriß ist.«

»Und der Mann stand die Sache durch?«

»Es war für ihn die natürlichste Sache der Welt.«

»Wenn ich so an die Väter bei uns denke«, sagte Christa, »ich glaube, die wären schön umgekippt.« Sie ging vom Fenster weg, riß ein Streichholz an und schraubte den Docht des Petroleumkochers höher: »Tee oder Kaffee?« fragte sie.

»Kaffee, bitte.« Als das Wasser zu sieden begann, gestand sie: »Ich würde so etwas auch nicht durchstehen. Nicht in einer sauberen Klinik bei uns zu Hause und schon gar nicht hier.« Etwas später jammerte sie: »Es ist alles voll Staub, sogar das Brot.«

»Haben wir genug Wasser?« fragte ich.

»Wenn wir uns nicht waschen, ja.«

Wir waren so gut wie eingeschlossen.

Draußen transportierte der Sturm Tonnen von Staub.

Manchmal kam die Oberin auf mich zu. Sie tauchte am anderen Ende des langen Krankenhausflurs auf wie ein Schiff, dem man in der Einsamkeit des Ozeans begegnet. Und es verlangte immer wieder einen gewissen Mut von mir, nicht einfach auf Tauchstation zu gehen.

Ich fühlte mich vor ihr nackt und, was noch peinlicher war, durchschaut. Sie kannte alle meine Gründe und Begründungen, sie kannte meine Gedanken. In ihrer Nähe hatte ich das deprimierende Gefühl, was ich empfand und dachte, sei durchaus nicht neu. Es war genauso alt wie Windpocken, Masern und Ziegenpeter.

Dieses Gefühl machte meinen Gang plump, meine Beine zu Ofenrohren. Und die Oberschwester kam auf mich zu, eine große, schlanke Gestalt in Marineblau und Weiß, die rechte Hand am goldenen Kreuz mit dem roten Kreuz auf weißem Email.

Sie lächelte, blieb stehen und berichtete Belangloses, nur um freundlich zu erscheinen. Dabei kannte sie meine Gedanken. Sie wußte, was ich von den Klassenschranken im Krankenhaus hielt, von den feinen Unterschieden, die man zwischen den Patienten machte. Sie wußte, daß ich mir ein klassenloses Krankenhaus wünschte, geführt von gleichberechtigten Ärzten. Sie wußte, daß ich Grund und Boden für Krankenhäuser in Großstädten einfach beschlagnahmen würde. Ich hielt ja nicht hinter dem Berg mit meinen Anschauungen, und es gab gewiß die eine oder andere Kameradin, die solche Äußerungen gern hinterbrachte. Aber die Oberin, die heimlich von allen Ärzten gefürchtet wurde, lächelte und sagte: »Doktor Kramer hat sich unlängst sehr nett über Sie geäußert. Das freut mich. Ich halte sehr viel von Doktor Kramer. Gewiß, er kommt nur mehr freiwillig in die Klinik, da er ja seine Altersgrenze erreicht hat, und er hätte es finanziell nicht nötig. Ich bin ihm aber sehr dankbar dafür, sein Wissen ist immens. Und um so mehr freue ich mich, daß Sie ihm aufgefallen sind. Er meinte, aus Ihnen würde eine erstklassige OP-Schwester.«

Sie merkte, daß ich etwas erwidern wollte und fing meine Entgegnung dadurch ab, daß sie sagte: »Übrigens, in Doktor Kramers Haus gibt es zwar eine Zentralheizung, aber sie wird nicht benützt. Er heizt die Zimmer einzeln. Er sagt, unsere Haut verlangt den Wechsel der Temperaturen. Ein Gedanke, mit dem man sich befassen kann. Doktor Kramer führt eine Reihe moderner Erkrankungen auf die Zentralheizung zurück.«

Zum Abschluß spürte ich ihre Hand auf meiner Schulter. Sie fragte, wie ich mich mit Dorothea, meiner Zimmergenossin, verstehe, und lobte auch Dorothea. Sie hätte von Anfang an gewußt, daß wir uns vertragen würden, »gerade weil Sie beide so verschieden sind«.

Und dann ging sie, und ich hörte ihre Schritte leiser werden.

Warum zitterten die Chefärzte, wenn der Besuch der Oberin angekündigt war, die doch nur ihre Schwestern inspizieren wollte? Warum bekam ich Ofenrohrbeine, wenn eine Begegnung mit ihr unausweichlich war?

Ich ärgere mich heut noch, daß es jemanden gibt, der mich aus der Fassung bringen kann.

Am Mittag des dritten Tages, der Sturm tobte noch immer, sagte Christa: »Einmal werde ich hier einfach davonlaufen. Ich halte das nicht aus.«

»Wir haben nicht jeden Tag Sturm.«

»Mag sein. Aber heute ist schon der dritte Tag. Alles, was ich in den Mund stecke, ist voll Sand, mein Bett ist voll Sand, meine Kleider, meine Haare. Einfach ekelhaft.«

Nach einer Weile fing sie wieder an: »Heute hätte der Jeep kommen sollen. Ich brauche das. Ich muß das Auto sehen und auch Joe. Ich muß hören, wie ein Mann spricht und wie er lacht. Ich bin doch keine Nonne.«

»Ist schon gut«, sagte ich. »Aber du wirst hier gebraucht, das merkst du doch.«

»Vielleicht werde ich gebraucht, um Sandkörner zu zählen oder die Windstärke zu schätzen. Und immer diese Kälte. Seit drei Tagen ist mir nicht mehr warm gewesen.«

Ich reagierte nicht mehr auf ihre Monologe.

Ich hockte angezogen auf meinem Bett, eine Decke über den Schultern, und dachte, daß ich um keinen Preis aufgeben durfte. Ich durfte nicht zu jammern anfangen.

»Und wenn der Sturm endlich vorbei ist, dann sitzt du da: Klein und dreckig und voller Staub. Du hast keine Badewanne, nicht einmal eine Dusche. Heute nacht habe ich von einer Dusche geträumt. Stell dir vor: Eine Brause, du stellst dich darunter und drehst auf, warm und kalt. Zuerst würde ich mich heiß brausen, damit mir endlich wieder einmal warm wird, dann würde ich langsam immer kälter drehen, immer kälter, bis ganz kalt. Und dann frottieren.«

»Mensch«, sagte sie, »in einer Jugendherberge, ich bin damals mit meiner Freundin getrampt, da hatten sie so moderne Brausen, und wir wußten nicht, wie wir die regulieren sollten. Jedenfalls kam plötzlich nur noch Dampf raus, und ich konnte aus der Brausenische nicht mehr hinaus. Meine Freundin holte den Herbergsvater. Er stand vor der Nische und ich an der Rückwand, vor dem Wasserhahn. Er angezogen, und ich ganz nackt. Er rief, ich solle mich in eine Ecke drücken, damit er zum Hahn könne. Und dann drehte er den Hahn ab, er hatte sich ein nasses Frottiertuch über seinen Arm gelegt, trotzdem war er ganz verbrüht.«

»Und?« fragte ich böse.

»Nichts. Er hat nicht einmal mit mir geschimpft. So was mußt du suchen. Verbrüht sich den Arm und sagt nichts. In der Jugendherberge haben wir zweimal am Tag gebraust. Am Morgen und am Abend. Kennst du das, wenn man nach dem Duschen im Bett liegt, und man schlägt die Beine übereinander, und die Haut ist ganz glatt und klebt nicht ein bißchen?«

»Ja«, sagte ich, »glaubst du, ich dusche nicht?«

»Wie lange waren wir jetzt nicht draußen?«

»Drei Tage.«

»Ich beginne schon zu stinken«, jammerte sie. »Richtig erbärmlich zu stinken. Riechst du es?«

»Nein.«

»Du mußt es riechen. Ich bin mir selbst zuwider. Ich weiß plötzlich, was es heißt, wenn einer sagt, ich kann dich nicht riechen.«

Sie kam vom Fenster zum Bett und warf sich darauf. Eine Staubwolke stieg auf. »Joe«, schwärmte sie, »der riecht manchmal so gut. Auch ein Mann muß gut riechen. Ich finde es irre, wie er riecht.«

»Nach Rasierwasser«, sagte ich nüchtern. Da fiel mir Tobbi ein, der manchmal ganz frisch rasiert roch.

Christa redete und redete, aber ich hörte sie nicht mehr. Ihr Lamentieren verschmolz mit dem Heulen des Sturms. Dann muß ich eingeschlafen sein.

Mitten in der Nacht wachte ich auf. Ich brauchte einige Zeit, bis ich wußte, wovon.

Mich hatte eine ungeheure Stille geweckt. Drei Tage hatte der Sturm getobt. Nun war er vorüber.

Man hätte eine Feder fallen hören können, ein Wollbüschel. Wenn ich meine Ohren sehr anstrengte, hörte ich den Bach rauschen.

Da erst merkte ich, daß Christa sich ebenfalls aufgerichtet hatte.

»Mensch«, sagte sie, »das werde ich bis ans Lebensende nicht vergessen, daß ich diesen Sandsturm überstanden habe.«

»Darum mußt du hierbleiben«, sagte ich, »damit du dich später jederzeit bewundern kannst.«

Ich wußte nicht, wer so hart gegen die Tür stieß, aber ich ärgerte mich trotzdem. Es war eine Ungehörigkeit. Selbst in Huayllas.

Ich riß die Tür auf und wollte schimpfen, denn auch das hatte ich in der Zwischenzeit gelernt.

Aber ich sah nur das Hinterteil eines Maultiers, und auf dem Maultier saß, nein hing, Don Felipe.

»Buenas tardes, Kind«, sagte er mit gequälter Stimme, »wenn du mir jetzt nicht herunter hilfst, muß ich auf dem Maultier sitzen bleiben, bis ich tot herunterfalle . . . Ich glaube, ich habe einen Hexenschuß.«

Ich sah mich um. Niemand war da, der mir helfen konnte. Christa war mit den Kindern fort, Juan half daheim.

»Kommen Sie besser auf der linken oder der rechten Seite herunter?«

»Ich glaube, links geht es besser. Wenn ich nur wüßte, wie ich mein rechtes Bein auf die linke Seite hinüber bekomme.«

Ich ging zur rechten Seite des Mulas, holte seinen Fuß aus dem Steigbügel und bat ihn, seinen Oberkörper auf den Hals des Maultiers zu lehnen. Er versuchte es und stöhnte auf. Endlich bekam ich sein rechtes Bein über den Rücken des Maultiers hinüber auf die linke Seite. Jetzt galt es nur, den linken Fuß aus dem Steigbügel zu bekommen und dafür zu sorgen, daß der Padre möglichst sanft auf die Erde glitt.

Das mit dem linken Steigbügel ging leichter, als ich dachte, aber dann . . . Das Mula schien zusammenzubrechen. Und Don Felipe ächzte und stöhnte.

»Ich habe ein wenig geschwitzt«, schimpfte er, »und dann kam ein kühler Wind von hinten, und der hat dies verbrochen. Señorita, ich mag Ihnen als der wehleidigste Mann der Welt erscheinen. Aber Sie wissen nicht, wie schmerzhaft das ist. Es ist ein Familienerbe.«

»Sie kommen mir gar nicht wehleidig vor«, sagte ich. »Ich weiß, wie weh das tut. Halten Sie sich am Sattel fest und versuchen Sie ganz langsam herunterzugleiten.« Ich stemmte mich gegen seinen massiven Körper, damit er mit seinen Füßen auf der Erde nicht aufplumpste wie ein Sack, und fürchtete, das Maultier würde diesmal endgültig zusammenbrechen. Aber dann hatten wir es geschafft. Don Felipe stand auf der Erde und hielt sich am Sattelknauf fest.

»Wollen Sie irgend etwas gegen die Schmerzen?« fragte ich.

»Wenn Sie etwas haben. Ich kann kaum Luft holen.«

Ich ging in unsere Hütte, holte eine Schmerztablette aus dem Röhrchen, goß Wasser in einen Becher und brachte ihm beides hinaus.

»Ich wäre nicht gekommen, wenn Sie nicht da wären«,

gestand er. »Aber wenn Sie aus Europa kommen, kann ich wohl aus Sucre kommen, nicht wahr?«

Ich lächelte unbestimmt, denn ich hatte inzwischen gehört, daß er die Campesinos in Huayllas vernachlässigt hatte. Er war immer seltener gekommen. Die Leute sagten, er sei in der Stadt geblieben, weil er dort reicher bewirtet wurde. Aber nun war er da, und das war gut. Ich brauchte ihn. Ich brauchte einen Verbündeten. Es ging diesmal nicht um die Grundbesitzerin, sondern um meine Campesinos. Zu meinen Aufträgen zählte es, ein Schulhaus mit zwei Räumen zu bauen. Die Campesinos waren zwar nicht dagegen, aber sie zeigten auch nicht sonderlich Lust, die Schule selbst zu bauen. Das mußten sie aber.

Don Felipe schleppte sich zu unserer Hütte. Er bat mich, seine Packtasche mit herein zu bringen. Dann packte er aus, als wäre er der Weihnachtsmann. Da war zunächst wieder Kaffee, dann ein Paket Bleistifte, Schulhefte, Schreibblocks. Zuletzt gab er mir tausend Pesos.

»Ich habe sie den Leuten abgebettelt«, gestand er. »Damit Sie etwas holen lassen können, wenn Sie es brauchen.«

Ich wollte ihm eine Quittung ausstellen, aber er wehrte ab. »Nein, nein, wo denken Sie hin, Señorita! Ich vertraue Ihnen. Sie können frei darüber verfügen. Viel ist es ja nicht. Aber vielleicht erleichtert es ein klein wenig Ihre Arbeit.« Er versuchte sich aufzurichten, dann zuckte er zusammen und stöhnte. »Ich bin heute wahrscheinlich genauso, wie Sie sich das Christentum vorstellen. Alt, zu alt. Unbeweglich. Häßlich. Kurz vor dem Tode. Nicht wahr?«

»Wer sagt, daß ich es so sehe?«

Er stützte sich auf die Stuhllehne. »Stellen Sie sich da drüben hin, Kind. Dann brauche ich den Kopf nicht zu wenden. Wissen Sie, ich habe viel darüber nachgedacht, was Sie das letztemal gesagt haben. Ich habe wohl sehr viel falsch gemacht. Sehr viel! Als ich jung war, träumte ich davon, Bischof zu werden. Ich hatte alle Voraussetzungen, ich kam aus einer begüterten Familie. Ein Onkel hatte es bereits zum Prälaten gebracht. In meinem Jahrgang war ich der beste. Einer meiner Brüder machte Karriere als Offizier, und ich wollte in der Kirche Karriere machen, bis ich merkte, daß man nicht Priester wird, um Karriere zu machen.«

»Das sollten Sie sich nicht vorwerfen, Padre.«

»Ich werfe es mir vor, und ich werfe es mir nicht vor. Es kommt auf den Standpunkt an, auf dem ich gerade stehe. Und ich habe nicht immer den gleichen. Das ist mein Fehler. Sie wissen nicht, was früher ein Bischof in Lateinamerika war. Wie angesehen die Kirche war . . .«

»Oh, doch. Ich habe davon gelesen. ›Ein Bischof in Lateinamerika war eine der größten Autoritäten‹«, zitierte ich. »›Er hatte politisches Prestige und Geld. Eben alles, was er wollte.‹«

»Eine der größten Autoritäten, ja, das war er, das stimmt genau, darum wollte ich . . .«

»Ich bin mit meinem Zitat noch nicht am Ende«, sagte ich. »Aber von dem Augenblick an, geht das Zitat weiter, von dem Augenblick an, da die Kirche sieht und fühlt, daß die soziale Ordnung, die sie unterstützt, auf einem Irrtum beruht, daß in Wirklichkeit eine soziale Unordnung besteht, eine von ihr seit Jahrhunderten gerechtfertigte Ungerechtigkeit, ist sie verpflichtet, für die menschliche Weiterentwicklung zu arbeiten.«

»Um Gottes willen, Señorita, wen zitieren Sie da? Wissen Sie, was Sie da sagen?«

»Ich weiß, und mein Zitat ist noch immer nicht zu Ende. Es geht weiter, ich habe es so oft gelesen, daß ich es auswendig kenne, aber ich kann es Ihnen auch vorlesen.«

Ich holte meine Mappe unter dem Tisch hervor und entnahm ihr den Zeitungsausschnitt. Ich las: »Die Regierenden glauben, daß die seit Jahrhunderten bestehenden politischen, wirtschaftlichen, sozialen und kulturellen Strukturen nicht an einem Tag oder in einem Monat, in einem Jahr oder mehreren Jahren geändert werden können. Deshalb verdammen sie alle Begriffe wie Umbruch, Änderung oder Revolution. Statt dessen streben sie einen langsamen Reformismus an, der so schwerfällig vonstatten geht, sosehr in kleinen und kleinsten Schritten, daß er in Wirklichkeit nichts anderes bedeutet, als die Beibehaltung der jetzigen Situation.«

»Señorita«, rief Don Felipe, »ich weiß nicht, wer das geschrieben hat, aber so wie Sie es sagen, ist es, als wären Sie, als würden Sie . . .«

»Ich bin noch nicht am Ende«, sagte ich. »Hören Sie: ›Aus diesem Grund betrachteten sie auch die Arbeit der Christen, den Massen die Augen zu öffnen, mit Argwohn und Feindseligkeit. Ihrer Ansicht nach bereiten wir die Subversion vor. Sie klagen uns an, dem Kommunismus‹ – das war doch das Wort, das Ihnen vorhin nicht von den Lippen ging, Padre? – ›Sie klagen uns an, dem Kommunismus den Weg zu bereiten, denn wir hetzten eine Klasse gegen die andere auf. Eine Antwort auf solche Angriffe ist leicht. Die große Illusion der Machthabenden besteht darin, anzunehmen, daß ohne die Christen die Augen der Massen geschlossen bleiben. Aber mit uns, ohne uns oder gegen uns werden sich die Augen der Massen öffnen.‹«

»Wer sagt das?« flüsterte Don Felipe erregt.

»Ein Bischof aus Lateinamerika«, antwortete ich, »genau gesagt, ein Kardinal: Helder Camara, Erzbischof von Recife und Olinda.«

»Mein Gott«, sagte Don Felipe, »ich komme aus Sucre und Sie aus Deutschland, und hier in Huayllas höre ich, was ein brasilianischer Bischof sagt. Wie lange muß er nachgedacht haben, um so etwas zu sagen. Er hat es doch gesagt, oder?«

»Gewiß.«

»Aber kennt er meine Campesinos? Weiß er, wie schwer es ist, hier etwas zu ändern? Kennt er ihre fatalistische Einstellung?«

»Der Fatalismus ist doch nur ein Schutz für die Leute«, widersprach ich. »Anders könnten sie die Verhältnisse nicht ertragen. Aber auch dazu hat Helder Camara etwas gesagt. Er meinte zunächst, daß er jeden respektieren würde, der sich aus Gewissensgründen für die Gewalt entscheide, besonders, wenn es sich nicht um einen Salonguerillo handelt. Er persönlich halte nichts von Haß und Gewalt. Andererseits kann er sich auch vorstellen, daß es in Lateinamerika zu einer bewaffneten Bewegung kommen könne, die mit Recht den Namen Befreiungskrieg tragen würde. Und er sagt weiter: ›Wenn Millionen von Kreaturen in so unmenschlichen Bedingungen dahinvegetieren müssen, existiert ja bereits ein System der installierten Gewalt. Und wir alle wissen, daß dieses System der Gewalt, dieses erzwungene Elend, mehr Menschen tötet als der blutigste Krieg. Schlimmer noch, es tötet nicht nur, es deformiert physisch, verwandelt Gesunde in Geisteskranke und erzwingt eine Mentalität der fatalistischen Unterwerfung und des bedingungslosen Gehorsams.‹«

Don Felipe setzte sich ächzend auf meinen einzigen Stuhl. »Einen Augenblick, Kind. Da muß ich nachdenken. Glauben Sie wirklich, daß die Campesinos unglücklich sind? Wären sie glücklicher, wenn wir sie in die Schule schickten, einen Beruf erlernen ließen oder sie ans Fließband stellten?«

Ich versuchte, sachlich zu bleiben: »Ich stelle die Frage anders«, erwiderte ich. »Sie ist schwerer zu beantworten als Ihre. Meine Frage heißt: Stellen wir uns die vielen Fragen über das Glück der Campesinos nicht nur deshalb, um alles beim alten zu belassen? Ich glaube nicht, daß die Campesinos glücklich sind, wenn ihre Kinder sterben. Sie haben sich nur darauf eingestellt. Sie haben die Erfahrung gemacht, daß ihre Kinder sterben, und die Kirche, mit Trost immer schnell zur Hand, machte Engel aus ihnen. Es ist kein Wunder, daß die Campesinos diesen Strohhalm blindlings ergreifen. Aber haben Sie schon eine Campesinofrau ihr totes Kind wiegen sehen? Mit tränenlosen, weit aufgerissenen Augen. Haben Sie schon gesehen, wie schwer sie sich von dem kleinen Leichnam trennt? Was nützt es, wenn auf dem kleinen Sarg Flügel angebracht sind und der Vater sich diese Schachtel auf den Rücken bindet und damit Tänze vollführt? Es sind doch keine Freudentänze.«

»Wohlstand allein bedeutet noch nicht Glück.«

»Armut macht auch nicht glücklich«, sagte ich zornig. »Es ist so furchtbar leicht für einen Reichen, zu sagen, daß Reichtum allein nicht glücklich mache. Vor allem, weil wir überprüfen können, daß es stimmt.«

Entweder schien meine Tablette zu wirken, oder Don Felipe war vom Gesprächsthema so fasziniert, daß er seine Schmerzen vergaß.

»Was da in meinen alten Tagen noch alles auf mich zukommt!« rief er. »Andere haben sich längst zur Ruhe gesetzt. Und ich, ich werde herumgestoßen, von einer bitteren Wahrheit zur nächsten. Hieß es nicht immer, ›mein Reich ist nicht von dieser Welt‹ und ›gebt dem Kaiser, was des Kaisers ist‹ und ›alle Macht kommt von Gott‹? Heißen wir Leib- oder Seelsorger?«

»Don Felipe, Sie können doch den Leib nicht übersehen, wenn Sie für die Seele sorgen wollen. Wenn Sie vor einem Campesino stehen, der vor Hunger und Erschöpfung zusammengebrochen ist, können Sie das doch nicht gerecht finden. Camara sagt gerade dazu: ›Der Mensch läßt sich nicht trennen, auf der einen Seite der Körper, auf der anderen Seite die Seele. Die Kirche kann unter keinen Umständen vergessen, daß ihre Mission auf Erden, hier auf Erden beginnt.‹«

»Camara sagt«, seufzte der Pfarrer. »Camara sagt dieses und er sagt jenes. Und hier stehe ich mit meinen achtzig Jahren und kenne mich auf einmal nicht mehr aus. So viel hat sich geändert; wenn ich es genau überlege, sind nur die Campesinos gleichgeblieben.«

»Ja, weil sich an ihrem Elend nichts geändert hat,

während rings in der Welt die unwahrscheinlichsten Veränderungen vor sich gingen. Viele reicher wurden. Millionen komfortabler leben. Ist nicht gerade das der Beweis für die ungeheure Ungerechtigkeit, die den Campesinos geschieht! Sie spüren sie auch. Sie fürchten nur die Konsequenzen. Sie fürchten sie für sich und Ihre Kirche. Und Sie spüren den tiefen Zwiespalt, in den sie geraten ist. Denn sie steht genauso auf der einen wie auf der anderen Seite. Sie verfolgt und hilft den Verfolgten. Dabei sollte jedem klar sein, daß es nicht ihre Aufgabe ist, das Eigentum von Gutsbesitzern, Fabrikanten und Hausherren zu schützen. Hier noch ein Camara-Zitat.« Ich kramte in meinen Zeitungsausschnitten. »Es ist nicht das letzte, mit dem ich Sie quäle: ›Wenn die Kirche fortfährt, sich für die Sicherung der bestehenden sozialen Ordnung einzusetzen, wird sie auch weiterhin ihr Prestige bewahren. Wenn sie sich jedoch ihrer Verantwortung gegenüber den Gläubigen ganz allgemein bewußt ist als immer noch stärkste geistige Kraft des Kontinents und vielleicht der ganzen Welt, sieht sie sich vor die Notwendigkeit gestellt, ihre Unterlassungssünden der Vergangenheit zu korrigieren. Dann muß sie, ob sie will oder nicht, ob ihre einzelnen Mitglieder damit einverstanden sind oder nicht, ob sie angehört wird oder angegriffen, die Ungerechtigkeiten dieser Welt verurteilen!‹«

Don Felipe brauchte eine Denkpause.

»Wollen Sie jetzt Kaffee?« fragte ich.

Er nickte stumm.

Am nächsten Tag besuchte ich Don Felipe in seinem Pfarrhaus, das auf dem Hügel zwischen der Kirche und der Finca lag. Er empfing mich aufgeräumt und rüstig. Sein Hexenschuß schien vergessen.

»Wie fühlen Sie sich?« fragte ich.

»Wie neu geboren. Und dabei habe ich kaum geschlafen. Aber das macht nichts, Kind. Kommen Sie nur.« Er zog mich an seinen Tisch und zeigte mir, was er alles notiert hatte.

Ich entdeckte den Namen der Señora Martinez so ziemlich als erstes.

»Was wollen Sie von Señora Martinez?« fragte ich.

»Oh, ein Gespräch, nichts als ein Gespräch«, rief er schnell. »Sehen Sie«, erklärte er verlegen, »mir fiel noch etwas ein. Ich habe hier Hühner aufgeschrieben. Die Hühner in Huayllas sind so armselig. Und da dachte ich, man müsse es mit einer widerstandsfähigen Rasse versuchen. Die Hühner hier sehen aus, als würden sie beim Eierlegen ohnmächtig. Ich . . .«

»Worüber wollen Sie mit Señora Martinez sprechen?« fragte ich unbeeindruckt von seinen Scherzen.

»Ach, ich wollte sie nur daran erinnern, daß sie . . .«

»Padre«, sagte ich, »haben Sie das letztemal mit der Señora über die Höhe der Pacht gesprochen?«

»Ja und nein.«

»Was heißt das?«

»Ich habe ihr ein Gleichnis erzählt.«

»Ein Gleichnis?«

»Ein Gleichnis von einem ungerechten Weinbergbesitzer, damit es sich biblischer anhörte. Ich habe gesagt, daß er die Hälfte nahm statt einem Drittel und nicht einmal das Saatgut stellte.«

»Und was sagte Señora Martinez dazu?«

»Sie sagte, ich verstünde nichts von Weinbau, denn für den Wein brauche man kein Saatgut.«

»Sie haben ihr nicht gesagt, daß das, was sie tut, Diebstahl ist?«

»Nein. Ich kann nicht von heute auf morgen vollkommen anders sprechen. Ich muß behutsam sein. Darum steht Señora Martinez ja auf diesem Blatt. Heute bin ich soweit, daß ich ihr das alles direkt sagen kann.« Er lächelte. »Wenn ich ehrlich bin, habe ich früher immer etwas Angst vor ihrer bösen Zunge gehabt. Aber jetzt nicht mehr.«

»Und mit den Männern sprechen Sie auch?«

»Ja. Jeder muß einhundert Lehmziegel für die Schule liefern und beim Bau mithelfen.«

»Ich komme heute abend vorbei und frage Sie, ob Sie schon bei der Señora waren und ob Sie mit den Männern gesprochen haben.«

Ich verließ ihn, und seltsamerweise ging mir das mit den Hühnern nicht aus dem Kopf. Die Hühner in Huayllas waren richtig verkommen. Sie sahen aus, als habe sie jemand zu rupfen begonnen, es sich dann anders überlegt und sie wieder freigelassen. Einige waren eindeutig krank.

Ich ging in einige Häuser, zunächst nur so, um nach dem Rechten zu sehen. Aber dann machte ich eine Feststellung, die mich bedrückte. Es gab kaum ein Kind in Huayllas, das nicht erkältet war. Manche lagen mit Fieber im Bett, andere dösten in einer Ecke, hustend und mit rinnenden Nasen.

Sie alle hätten warme Kleidung, feste Schuhe und einen geheizten Raum gebraucht. Es war nun schon einige Zeit am Morgen um die null Grad. Ein paarmal war es sogar noch kälter gewesen. Doch genau an den Dingen, welche die Kinder brauchten, fehlte es in Huayllas. Ich verteilte einige Bonbons, die den Husten linderten und nahm selber eine Vitaminkapsel. Ich war unerträglich, wenn ich erkältet war. Also mußte ich zusehen, daß ich gesund blieb.

Ich ermahnte die Mütter, es mir sofort zu sagen, wenn die Kinder matt und fiebrig würden. Ich zeigte ihnen, wie man leicht erkennen konnte, ob sie Fieber hatten oder nicht. Und immer wieder sagte ich: »Holt nicht den Curandero, den Zauberdoktor, holt mich, und wenn es in der Nacht ist.«

Viele versprachen es mir hoch und heilig. Aber ich wußte nicht, was sie tun würden, sobald ich ihnen den Rücken gekehrt hatte. Bei den letzten Familien fiel mir auf, daß auch die Kinder daheim waren, die eigentlich in der Schule oder im Kindergarten sein sollten. Als ich fragte, sagte man mir, die andere Señorita hätte sie nach Hause geschickt.

Wahrscheinlich ist sie auch erkältet, dachte ich, und das war ein Fehler. Als ich gegen Mittag heimkehrte, stieg mir kein Essensgeruch in die Nase. Der Petroleumkocher war leer und kalt.

Und dann sah ich den Zettel auf dem Tisch.

Ich wußte, was darauf stand, noch ehe ich ihn las.

»Verzeih, daß ich auf diese Art abhaue. Aber ich halte es nicht mehr aus. Außerdem erreiche ich doch nichts. Ich gehe zurück nach Sucre. Schick mir meine Sachen das nächstemal mit Joe nach. Christa.«

Mich überkam eine ohnmächtige Wut. Ich trat mit dem Fuß gegen Christas Bett, aber es brach leider nicht zusammen. Dann rannte ich den Weg zum Fluß hinunter. Doch von Christa war nichts mehr zu sehen. Sie mußte schon längst auf der anderen Seite des Cachimayo sein, der um diese Jahreszeit nur noch ein dünnes Rinnsal war.

Ich kehrte um. Müde und niedergeschlagen ging ich zurück. Zum erstenmal, seit ich nach Huayllas gekommen war, heulte ich. Später setzte ich mich auf einen Stein und überlegte, was ich den Campesinos erzählen sollte.

Ich konnte ihnen unmöglich sagen, daß Christa fortgelaufen war. Ich mußte so tun, als wäre sie überraschend nach Sucre zurückgerufen worden, vielleicht schwindelte ich auch ein bißchen, und erzählte ihnen, sie sei zurückgerufen worden, weil anderswo den Campesinos noch viel mehr daran läge, Lesen und Schreiben zu lernen als den Leuten in Huayllas.

Als ich um die Wegbiegung kam, von der man Huayllas zum erstenmal sieht, hatte ich das Gefühl, als kehrte ich heim. Da lag es, fast eben, in dem weiten Hochtal der Anden. Das Dorf mit seinen Hütten, die Kirche, die Finca . . . Und vielleicht war der alte Pfarrer jetzt gerade bei der Finquera und las ihr die Leviten. Wenn er sich traute.

Juan kam mir wie zufällig entgegen.

»Buenos dias, Juan.«

»Señorita Christa ist nach Sucre«, sagte ich gegen meine Absicht. »Sie ist krank. Sie mußte zum Arzt. Aber erzähl es niemandem. Verstanden?«

»Ja, Señorita.«

»Juan«, sagte ich, »du wirst mir mehr helfen müssen als früher, sonst schaffe ich es nicht. Wirst du mir helfen?«

»Ja, Señorita.«

Daheim stellte ich Wasser auf meinen Petroleumkocher. Ich brauchte etwas Warmes. Ich kochte mir aus einem Päckchen Suppe. Spargelcremesuppe. Ich aß sie ganz heiß.

Komisch. Daheim hatte ich die Suppe immer kalt werden lassen.

Ich ging mit dem Sindicato und einigen älteren Männern durchs Dorf. Wir suchten einen Platz, der für den Bau der Schule geeignet war. In der Nähe der Plaza war ein Stück Land, auf dem nur verdorrte Distelstengel standen. Ich fragte, wem es gehöre. Sie verstanden nicht recht. Es gehörte dem Dorf.

»Nicht der Finca?«

»Nein, dieser Platz nicht. Der gehört uns.«

»Das wäre ein schöner Platz für die Schule«, sagte ich. »Die Kinder können in den Pausen auf die Plaza, und in den kleinen Schulhof könnte man einige Sträucher pflanzen. Und wenn Fremde nach Huayllas kämen, dann könnten sie schon auf der Plaza sehen, daß es hier eine Schule gibt.«

Die Männer nickten, der Sindicato hielt eine kleine Rede. Er vergaß nicht zu erwähnen, daß er selbst schon an diesen Platz gedacht habe; lange bevor ich nach Huayllas gekommen sei, habe er gedacht, hier würde eine Schule gut herpassen.

Anschließend versammelten wir uns im Hof des Sindicato. Es war ein windstiller Tag, und die Luft war lau. Wir besprachen die Baufinanzierung. Wenigstens das war einfacher als in Europa. Wir konnten uns selbst genehmigen was wir wollten. Wir stellten Anträge und genehmigten sie und beschlossen gleich, was alles auszuführen war. So brachten wir es fertig, an einem einzigen Nachmittag den Bau einer zweiräumigen Schule zu beschließen, die Baugenehmigung zu erhalten und die Finanzierung festzulegen.

Jede Familie hatte hundert Lehmziegel *bricks* zu stellen, und jedes Familienoberhaupt mußte außerdem zwölf Tage beim Schulbau und drei Tage beim Straßenbau helfen. Um einen glatten Zementfußboden zu bekommen, mußten wir Spezialisten aus einem anderen Dorf holen. Sie sollten beim Pfarrer wohnen und auch dort essen.

Ich schrieb alle Punkte auf einen Block und las sie noch einmal vor. Als wir die Hand zur Abstimmung hoben und sie annahmen, war ich gewiß ebenso stolz wie die Campesinos. Jahrhundertelang hatten der Grundbesitzer oder der Pfarrer für sie entschieden. Heute hatten sie selber einen Entschluß gefaßt. Selbstverständlich würde man die Schule in Huayllas nicht mit einer Schule in Hessen oder Berlin vergleichen können, aber ein Anfang war gemacht, der erste Schritt aus der Unwissenheit und der Abhängigkeit getan.

Und weil es ein so bedeutender Tag war, und es schließlich im Hof doch etwas frisch wurde, schenkte uns der Sindicato einen Chicha ein.

Chicha ist das Nationalgetränk der Indios. Ich nippte nur an meinem Glas. Es wird aus vergorenem Mais hergestellt. Und um den Mais überhaupt zur Gärung zu bringen, wird er »behandelt«. Das heißt, er wird gekaut und ausgespuckt. Der menschliche Speichel stellt gewiß *to spit* sermaßen das Ferment dar, das zur Gärung benötigt wird.

Da ich den Dorfrat schon beisammen hatte, machte ich noch einen Vorschlag.

»Wir brauchen hier in Huayllas nicht nur eine Schule«, sagte ich, »sondern auch eine Einkaufsgenossenschaft.« Ich erzählte ihnen, wie sie alle einzeln oder in kleineren Gruppen nach Sucre gingen, um Waren zu verkaufen und welche einzukaufen, wieviel Zeit das kostete, und was daheim alles an Arbeit liegen blieb. Ich malte meine Geschichte aus und sagte ihnen, daß sie am Schluß alle das gleiche nach Huayllas zurückbrächten. Und weil sie es einzeln und in kleinen Mengen gekauft hätten, hätten sie es teuer gekauft. Und weil sie alle dafür neun Stunden Fußmarsch gehabt hätten, wären die Waren noch teurer als das, was sie dafür in Geld bezahlt hätten.

Ich fragte, ob sie das begriffen.

Sie nickten. Aber ich war nicht ganz sicher, ob sie es verstanden hatten.

»Wenn wir eine Einkaufsgenossenschaft gründen, dann geht nur einer hinunter nach Sucre. Einer, der ein gutes Mundwerk hat und handeln und einkaufen kann. Alles, was man im Dorf braucht. Er holt es nicht nur für sich, sondern für das ganze Dorf. Und weil er größere Mengen kauft, bekommt er vieles billiger.«

Das leuchtete ihnen ein. Hatte er eingekauft, dann konnte der Mann zum Entwicklungsdienst in Sucre gehen, der ja sowieso wöchentlich einen Wagen heraufschickte, alles auf den Jeep laden und mit herauffahren. Hier konnte sich dann jede Familie holen, was sie brauchte. »Nun, was haltet ihr davon?«

Sie sahen sich an und nickten. Ich ahnte nicht, welchen Ärger ich mir damit aufgeladen hatte. Ich schrieb noch ein Protokoll, und wir beschlossen einstimmig, eine Einkaufsgenossenschaft zu gründen. Jeder Haushalt schoß zunächst einige Pesos vor, dreihundert steuerte ich vom Geld des Pfarrers bei. Nun brauchten wir nur noch einen geschickten ehrlichen Einkäufer. Er mußte natürlich für alles Rechnung legen. Und er durfte das Geld nicht für andere Sachen ausgeben.

Ich erbat Vorschläge.

Die Männer berieten untereinander und fanden schließlich, daß sich dafür am besten Pablo Mamanio eignen würde. Pablo könne gut zählen, und er wisse auch mit der Waage Bescheid, und dann verstehe er zu handeln.

»Und er wird euch nicht beschwindeln?«

»Nicht arg, Kindchen. Uns nicht. Er wird mehr die Händler in Sucre beschwindeln«, sagte der Sindicato. »Und das ist unser Vorteil.«

Bevor ich noch einen zweiten Chicha trinken mußte, brach ich auf. Ich ging gleich zu Pablo Mamanio. Ich hatte in der Zwischenzeit einiges gelernt.

»Pablo Mamanio«, sagte ich, »der Pfarrer und der Sindicato schicken mich, du bist zum Chef der Einkaufsgenossenschaft von Huayllas ernannt worden.«

Ehe er nur den Mund vor Staunen aufmachen konnte, redete ich weiter: »Du wirst jede Woche einmal nach Sucre gehen, für das Dorf einkaufen und dann mit Joes Wagen heraufkommen. Du wirst neben dem Fahrer sitzen und jede Woche von Sucre nach Huayllas fahren. Und wenn du geschickt bist, und dem Fahrer gut zusiehst, dann wirst du vielleicht auch einmal einen Jeep fahren können.«

Pablos Augen begannen zu leuchten. Ein Lenkrad, sagte er, habe er schon einmal in der Hand gehabt, und gehupt hatte er auch schon.

»Ja, das ist fein. Nächste Woche gehst du das erstemal«, erklärte ich. »Morgen kommt der Jeep, und da werden wir das gleich aushandeln.«

»Und wo soll der Verkaufsstand der Genossenschaft sein?«

Ich durfte mir nicht anmerken lassen, daß wir darüber noch nicht gesprochen hatten.

»Hast du einen Vorschlag?«

Er freute sich, daß er einen bei der Hand hatte. Er konnte einen Winkel seines Hofes abtreten. Und er hätte eine Katze und einen Hund, also könnten weder Diebe noch Mäuse an die Vorräte heran. Und er wüßte oben bei der Finca eine Tür, die nur so herumläge, die gäbe, auf ein Lehmmäuerchen gelegt, einen prächtigen Ladentisch ab.

»Ja, darfst du denn die Tür einfach nehmen?«

»Señorita«, rief Pablo, »sie ist nicht mehr in den Angeln. Sie war eine Tür, sie ist keine mehr. Sie schließt nichts mehr zu, sie öffnet sich für niemanden. Also ist sie keine Tür.«

»Was ist sie dann?«

»Nur ein paar zusammengenagelte Bretter, Señorita, keine Tür mehr. Sie hat auch keine Klinke.«

»Aber es ist doch gleich, ob du eine Tür nimmst oder nur zusammengenagelte Bretter. Du nimmst es.«

»Ich nehme es?« fragte Pablo empört. »Nein!« Und er erklärte mir, daß er den armen Brettern nur helfe. Er würde hier in seinem Hof, er zeigte mir die Stelle, hier, in diesem Hof, würde er noch eine Mauer errichten, und in die bereits bestehende Mauer einen Eingang brechen, dann ein Dach darüber legen und unter dem Dach würden die Bretter auf einem kleinen Mäuerchen ruhen, die Sonne würde das Holz nicht versengen und der Regen würde es nicht zum Faulen bringen. Mit einem Wort, die Tür hätte es gut bei ihm. Da könne er sie doch nehmen. Er brauchte nur jemanden, der ihm half. Am besten, wenn es dunkel war, damit er nicht von einer wichtigeren Arbeit abgehalten wurde.

»Juan«, sagte ich, »Juan Serrudo, ist der richtig?«

Ja, Juan sei richtig.

»Ich schicke ihn dir noch heute«, sagte ich. »Und wie ist das, kannst du zählen?«

»Ja, weit über tausend.«

»Und rechnen?«

»Oh, sehr gut!« Er hatte zehn Finger, und mit zehn Fingern könne man alles ausrechnen.

»Pablo, du wirst von jetzt ab in die Abendschule kommen, du mußt alles auch auf einen Zettel schreiben können. Die Kaufleute in Sucre werden dich beschwindeln, wenn sie merken, daß du ihre Rechnungen nicht lesen kannst.«

Pablo war bleich geworden. Die Schule schreckte ihn. Er schimpfte über die Kaufleute, welche die armen Campesinos ausnützten. *take adv. of*

»Wenn du ihre Rechnungen lesen kannst, werden sie dich für einen Cholo halten«, sagte ich. Die Cholos standen eine Klasse höher als die Campesinos.

»Für einen Cholo?«

»Ja, und du wirst manchmal auch unterschreiben müssen. Vielleicht machen wir ein Bankkonto auf, wenn sich der Handel ausweitet, wie willst du dann einen Scheck unterschreiben?«

»Schreiben ist eine schwere Sache, und sie schadet den Fingern und den Augen«, jammerte Pablo. »Wer viel liest, bekommt schwache Augen wie die alte Juarez.« Es war die Alte, die schon bei mir gewesen war und deren Augen wie Opale wurden.

»Dummkopf«, sagte ich, »hat die alte Juarez jemals gelesen?«

Er mußte zugeben, daß sie nicht lesen konnte.

Ihre Krankheit kann ein guter Arzt mit einem ganz kleinen Messer heilen. Und hat vielleicht Juan Serrudo schlechte Augen? Dabei kann er schon seinen Namen schreiben, und Peso und Campesino, und Sucre, und noch viel mehr. Er könnte sogar schon einem Mädchen einen Brief schreiben. Und der Name Pablo Mamanio sehe wunderschön aus, wenn er geschrieben sei.

Ich hatte ihn gewonnen.

Schon am Abend saß er am Tisch und versuchte ein paar Worte und Zahlen zu schreiben.

Die Zahlen gelangen ihm wesentlich besser.

Es gab kein Hupverbot in Huayllas. Huayllas war weder Kurzone noch Hospitalgegend. Jedesmal, wenn Joe kam, drückte er schon oben an der Wegbiegung auf die Hupe, und die Kinder rannten zur Plaza, denn eine Kleinigkeit fiel stets für sie ab.

Auch ich wartete immer schon vom Morgen an auf ihren Ton. Sobald ich sie hörte, ließ ich alles liegen und stehen, um gleich am Wagen zu sein, und das Zusammensein mit dem Fahrer so lang wie möglich auszudehnen. Es war meine einzige Möglichkeit, deutsch zu sprechen auf lange Zeit hin.

Joe war diesmal mit seinem Nachfolger erschienen. Einem schläksigen jungen Mann, etwas wortkarg. Stuttgarter, Feinmechaniker, Werkzeugmacher, der in Sucre Lehrlinge betreute. Er hieß Markus.

Joe drückte mir zur Begrüßung lange die Hand. »Ich bewundere dich«, sagte er. »Du bist wirklich großartig, du gehörst zu der Sorte Mädchen, die man heiratet.«

»Bin ich so bürgerlich?« Ich wurde rot.

»Nein, das nicht. Man muß froh sein, wenn man so etwas wie dich kriegt. Aber meistens sind Mädchen wie du schon fest vergeben.«

»Jetzt hör aber auf!« rief ich und ärgerte mich, daß ich noch immer rot war.

»Nein, im Ernst«, sagte Joe. »Wir haben alle großen Respekt vor dir. Keiner hätte es dir übelgenommen, wenn du nach der Geschichte mit Christa alles hingeschmissen hättest. Ich habe dir übrigens tolle Sachen mitgebracht. Schinkenkonserven und wunderbares Dosenbrot.«

Ich rannte ins Haus und holte den Rest der Pesos, die mir Don Felipe geschenkt hatte.

»Dafür möchte ich das nächstemal Wolle haben«, sagte ich. »Schöne bunte Wolle. Die Kinder sind dauernd erkältet, wir müssen Pullover stricken.«

»Vielleicht kann ich unten noch ein bißchen Geld loseisen, daß es recht viel wird.«

»Das wäre toll«, sagte ich, »und Stricknadeln brauchen wir natürlich auch. Frage Christa, welche Stärke, sie weiß Bescheid.«

»Ist gut«, sagte er und steckte das Geld in seine Brieftasche.

»Aber vergiß es nicht. Es ist wichtig!«

»Nein, ich vergeß dich nicht, Lou«, sagte er. »Ganz gewiß nicht. Stell dir vor, in ein paar Wochen oder Monaten bin ich wieder zu Hause. Soll ich deine Eltern besuchen, wenn ich in eure Gegend komme? Soll ich ihnen von Huayllas erzählen, damit ihnen ein bißchen das Gruseln kommt?«

»Wenn du willst«, sagte ich, »aber bring sie nicht in Verlegenheit.«

»Keine Angst.« Er notierte sich die Adresse und steckte das Notizbuch wieder weg. »Ehrlich gesagt, ich weiß noch nicht, wie ich die Rückkehr verkrafte. Vielleicht bin ich blöd, aber ich habe das Gefühl, es wird mir nie wieder genügen, nur zu arbeiten, um Geld zu verdienen. Hier, weißt du, man hilft den Leuten mit dem, was man tut, und je mehr man geholfen hat, um so glücklicher war man. Wo gibt es das noch bei uns? Natürlich arbeitest du auch für dich, aber in der Hauptsache rackerst du dich für den Chef ab, dafür, daß er sich einen teuren Schlitten und eine Freundin leisten kann.«

»Nicht alle Chefs haben Freundinnen.«

»Es genügt, wenn sie ihrem Sohn oder der Tochter einen Sportwagen zum Abitur kaufen.«

Markus fragte unaufdringlich, wo er die Sachen hintun sollte. Wir zeigten es ihm. Er begann, den Wagen abzuladen.

»Laß mich noch ein bißchen mit Lou reden«, bat Joe. »Du wirst auch traurig sein, wenn sie eines Tages weggeht und du allein hierbleibst.«

Ich erzählte Joe, was sich in letzter Zeit alles getan hatte, daß wir eine Schule bauen würden und eine Einkaufsgenossenschaft gegründet hätten.

Er hörte gar nicht richtig zu. Statt dessen sagte er: »Und wir haben kein einziges Mal miteinander getanzt. Stell dir vor, in Südamerika und kein Samba und kein Carioca, rein nichts.«

»Ich hätte gern einmal mit dir getanzt«, sagte er später. Er war überhaupt ganz durcheinander. »Aber vielleicht treffen wir uns zu Hause einmal. Wäre schön, wenn ich dich wiedersehen könnte.«

Wir gingen um den Wagen herum. Joe scheuchte ein paar Kinder fort, die sich das Radventil zu genau ansahen.

»Eigentlich habe ich Angst vor daheim«, gestand er unvermittelt. »Mir wird ganz heiß, wenn ich an diese Typen denke, die glauben, daß jeder Pfennig, der für Entwicklungshilfe ausgegeben wird, zuviel ist, die vor einem dicken Kotelett auf dem Teller davon reden, es müßte keiner von diesen Niggern verhungern, wenn er nicht den ganzen Tag auf der faulen Haut läge. Und diese supergescheiten Oberschüler gehen mir auf den Nerv, quatschen und quatschen und glauben, sie könnten die Welt durch Diskussionen verändern. Wahrscheinlich komme ich über kurz oder lang zurück. Vielleicht bist du dann noch da.«

»Jetzt aber langsam«, sagte ich, »du wirst doch gern daheim sein.«

»Ich weiß nicht. Jedenfalls das Geld, das ich ausbezahlt bekomme, wird gleich auf die hohe Kante gelegt. Damit schaffe ich alleweil die Reise nach hier. Und Arbeit finde ich daheim jederzeit.«

Markus kam langsam auf uns zu. »Es wäre alles drinnen«, sagte er.

»Trinken wir noch einen Kaffee miteinander«, schlug ich vor.

Joe sah auf die Uhr. »Ja, aber nur Pulverkaffee«, bat er, »ich muß heute noch zu den Forstlern nach Cochabamba.«

Ich stellte drei Tassen auf den Tisch, mehr hatte ich ohnehin nicht, dann rückten die zwei Männer den Tisch ans Bett und wir warteten, daß das Wasser in der Kanne zu sieden begann.

Joe erzählte inzwischen Markus, daß wir uns in einem ehemaligen Eselstall befanden. »Darum hast du dich hier auch gleich so zu Hause gefühlt«, sagte er, und Markus lächelte. Auch Markus würde es schaffen, empfand ich, er war vielleicht nicht so kontaktfreudig wie Joe, aber eine Spur gediegener und auch belastbarer. In Huayllas hatte ich gelernt, Fremde auf den ersten Blick hin zu taxieren. Markus war zudem sehr nett zu den Campesinokindern gewesen. Ich bat ihn deshalb, Joe daran zu erinnern, daß er die Wolle und die Stricknadeln kaufte oder kaufen ließ. Ich hatte Angst, Joe könnte es über den Vorbereitungen für seine Abreise vergessen.

Aber Joe sagte gleich: »Gut, daß du mich daran erinnerst. Ich gebe dir das Geld, und vergiß ja die Stricknadeln nicht.«

Ich öffnete eine Dose mit Kuchen, die mir Fanni geschickt hatte. Dann goß ich heißes Wasser auf den Pulverkaffee und ließ mir von Joe eine kleine Zigarillo spendieren.

»Eines muß dich trösten, Joe«, sagte ich, »wenn du nach Hause kommst, ist Sommer. Stell dir vor: Ein heißer Sommertag in einem Schwimmbad!«

»Und wenn schon«, sagte Joe, »ich sehe mich ziemlich bald wieder hier.«

Er nahm meine Hand, als wir hinausgingen. Und vor dem Wagen umarmte er mich und küßte mich.

»Alles Gute«, sagte ich, und ich spürte, wie mein Herz zu klopfen begann. »Komm gut heim, Joe, und steck den Kopf nicht zu weit aus dem Flugzeug ...« Ich lächelte und spürte, wie mir die Tränen kamen. Joe stieg ein und starrte mich an. »Nun fahr schon«, rief ich, »los, fahr doch endlich, du mußt noch nach Cochabamba.«

Ich winkte noch einmal, dann drehte ich mich um. Ich rannte in meine Hütte zurück, wo es nach Kaffee und Kuchen roch und nach dem Rauch der Zigarillos.

Ich würde nicht lüften. Ich wollte den Duft noch riechen, wenn ich morgen aufwachte und wieder ganz allein war.

»Nicht nur der Chefarzt, auch die anderen Ärzte und ich lassen Sie nur ungern ziehen«, sagte die Oberin. »Natürlich bin ich stolz, daß Sie die Prüfung beim Entwicklungsdienst so gut bestanden haben, aber ich bin doch nicht ganz glücklich darüber, daß Sie gehen.«

»Sie wissen, daß das immer mein Ziel war.«

»Ich wäre heilfroh, Sie kämen wieder hierher zurück. Krankenschwester ist kein Beruf, den man ablegt, wenn man heiratet oder weil man zwei Jahre in Lateinamerika war. Wir werden hier und auch anderswo alles unternehmen, um unsere Schwestern zu halten, damit sie Ehefrauen werden und Schwestern bleiben können. Meine Pläne gehen so weit, daß wir Spitäler haben werden mit eigenen Säuglingsstationen für die Babys unserer Schwestern, mit einer Milchküche, dann mit Kinderkrippe, mit Kindergarten und Vorschule. Wir werden das alles tun müssen, um unsere Kranken nicht im Stich zu lassen. Und deshalb bitte ich Sie, daß Sie sich nach diesen zwei Jahren wieder bei uns sehen lassen.«

»Sehen werde ich mich auf jeden Fall lassen«, versprach ich.

»Und nun setzen Sie sich«, sagte die Oberin. Sie hatte mich in ihr Zimmer eingeladen und den Tisch zu einem Nachmittagskaffee gedeckt, zwei Rotweingläser standen noch da, und der Kuchen duftete.

Ich durfte mir eine Schallplatte aussuchen, die sie selbst auf den Plattenteller legte. Ich entschied mich für die Musik aus dem Film »orfeo negro«, der in den Favelas von Rio spielte, in den Tagen des weltberühmten Karnevals.

»Es ist die traurigste Tanzmusik, die ich kenne«, sagte die Oberin nach wenigen Sambatakten. »Nicht einmal der ›Valse triste‹ von Sibelius ist so traurig wie diese Rhythmen.«

Es war eine eigentümliche Atmosphäre. Sie spürte, daß ich nicht mehr ganz da war, obwohl ich mich bemühte, mich auf sie zu konzentrieren. Und ich selbst hatte das Gefühl, der Ledersessel, in dem ich saß, könne jederzeit in Richtung Südamerika davonschweben.

Unsere Unterhaltung war mühsam. Ich spürte bei der Oberin etwas, das ich nur bei ganz wenigen Erwachsenen empfunden hatte. Sie besaß Autorität. Sie bemühte sich nicht, sie zur Schau zu tragen. Sie strahlte sie aus. Sie war eine energische Frau, und man konnte sich schwerlich vorstellen, daß es je einen Mann gegeben hatte, an dem sie zerflossen war. Trotzdem war sie durchaus nicht unweiblich. Ich hätte gewünscht, mehrere Erwachsene wie sie hätten meinen Weg gekreuzt.

Als sie sagte: »Ich weiß, Sie tun sich schwer mit mir«, war ich dankbar. Es war das erlösende Wort. Sie selbst lehnte sich daraufhin gelöster in ihrem Sessel zurück.

»Und ich weiß auch warum«, sprach sie weiter. »Wir sind einander zu ähnlich. Als ich in Ihrem Alter war, wußte ich genau wie Sie, was ich wollte. Ich meldete mich freiwillig in ein Lazarett. Die Patienten hatten ausschließlich Gehirnverletzungen. Ich brauche Ihnen nicht zu erzählen, welche Folgen das haben kann. Gestörtes Sprachzentrum, Gehzentrum. Wir hatten Blinde, Gelähmte, Patienten mit ungehemmten Aggressionen ... Und ich war so jung wie Sie. Und ich war nicht nur so jung wie Sie. Ich war wie Sie.«

Sie stand auf und öffnete eine Lade ihres privaten Schreibtisches. Ein richtiger Damenschreibtisch, verschnörkelt und verspielt, ausgehendes Rokoko, wahrscheinlich echt. Sicher sogar. Sie entnahm ihm ein kleines Schmuckschächtelchen und kam auf mich zu.

Mein Herz klopfte, ich wurde bis in die Haarwurzeln rot.

»Diesen Ring kennen Sie sicher«, sagte sie, »ich trage

ihn erst seit einigen Tagen nicht mehr. Ich habe ihn für Sie passend machen lassen. Ich bekam ihn seinerzeit von meiner Oberin. Ich möchte ihn heute weitergeben, an Sie.«

Ich versuchte einen Einwand, stotterte.

»Es ist eine Sache unter uns«, sagte sie. »Ich möchte nur, daß Sie ihn annehmen und tragen. Ich weiß nicht, ob er wertvoll ist. Ich habe auch den Juwelier gehindert, es mir zu sagen. Nehmen Sie ihn an. Hier werden alle wissen, was es bedeutet, daß Sie diesen Ring tragen.«

Sie schob ihn mir auf den Ringfinger der linken Hand. Es war ein Ring ohne Stein, ein breiter Ring. Zwischen den beiden Randwülsten lief ein Band mit Lettern. Ich las: *Henry Dunant.* Zwischen dem T des Familiennamens und dem H des Vornamens befand sich ein Abbild des Roten Kreuzes.

Ich war nicht fähig, ein Wort zu sagen. Schließlich knickste ich wie ein Schulmädchen.

Oberarzt Dr. Bremer war übrigens der erste, der den Ring an meinem Finger bemerkte. Wir standen in der Intensivstation am Bett eines Mannes, der mit dem Tod rang. Doktor Bremer musterte mich danach lange. Schließlich sagte er: »Bleiben Sie bei ihm, Schwester. Und rufen Sie mich, wenn sich sein Zustand verschlimmern sollte.«

Ich hatte Glück, ich mußte Dr. Bremer nicht rufen.

Die verkehrte Welt . . .

Wir hatten September, der Winter ging zu Ende. Ich konnte nicht beurteilen, ob die Wollsachen, die ich mit den Mädchen gestrickt hatte, den Kindern geholfen hatten. Nach wie vor waren Kinder erkältet, wenn auch nicht mehr so viele.

Nahe der Plaza wuchs die Schule. Die Anlieferung der Ziegel durch die verschiedenen Familien ging schleppend vor sich. Und so kam es, daß ich immer wieder in ein Haus gehen mußte, um dort Krach zu schlagen. Nicht nur, daß die Ziegel nicht geliefert wurden, auch der Mann war nicht zur Arbeit erschienen.

Und da zeigte sich, wie erfinderisch meine Campesinos waren. Sie waren Weltmeister im Ausredenerfinden.

»Oh, Señorita!« begrüßten sie mich oder manche sagten »Mütterchen« zu mir. »Oh, Mamasniy, ich wollte schon längst anfangen, aber da wurde mein Esel krank.« Er zeigte, wie der Esel die Augen verdrehte und wie das Schlimmste für den Esel zu befürchten war. Und da mußte der Arme an der Seite des treuen Tieres bleiben, denn wie hätte er die Ziegel zur Schule bringen sollen ohne Esel?

»Doroteo Ortega«, sagte ich, »es ist eine Schande, wie du mich anlügst. Dein Esel ist nicht krank. Er ist der gesündeste Esel in ganz Südamerika. Er könnte zweihundert Ziegel von hier nach Cochabamba tragen. Aber dein armer Esel kann nicht, weil sein Herr krank ist. Krank vor Faulheit. Sein Herr will nicht arbeiten, das macht den Esel krank. Er schämt sich für seinen Herrn. Und wenn du nicht bald Ziegel zum Schulhaus bringst, dann wird dein Esel tot umfallen, aus Kummer über seinen Herrn. Und alle Leute von Huayllas bis hinunter nach Sucre werden wissen: Hier kommt Doroteo Ortega, ein Mann ohne Esel. Er ist so faul, daß sein Esel daran gestorben ist.«

»Ay mamasniy«, rief Doroteo Ortega, »ach, mein Mütterchen, du bekommst die Ziegel, ich bringe dir mehr als hundert«, er zeigte es mit den Fingern, »ich bringe dir zehn mehr als hundert, für jeden Finger einen, ay mamasniy.«

Leon Zambrana hatte gerade mit dem Herstellen der Ziegel beginnen wollen, da wäre eine Stimme vom Himmel erschallt und habe ihn in die Kirche gerufen. Und Jaime Serrudo mußte seinem Töchterchen erklären, wo Deutschland liege.

»Und wo liegt Deutschland?«

»Viele Tagesreisen im Norden«, hatte er seinem Töchterchen gesagt.

»Und dazu hast du so lange gebraucht?«

»Ich mußte meinem Töchterchen erklären, wo Norden ist.«

»Jaime Serrudo«, sagte ich, »Deutschland liegt nicht im Norden von Huayllas, sondern im Nordosten. In der Schule werden wir eine Kugel haben, eine genaue Abbildung der Erde. Da werde ich deinem Töchterchen zeigen können, wo Deutschland liegt und wo Huayllas liegt. Und dann wird dein Töchterchen sehen, daß das große Meer und viele, viele Länder zwischen Huayllas und Deutschland liegen, und sie wird es ihrem Vater erzählen können. Dann wird Jaime Serrudo stolz auf sein Töchterchen sein, weil es ihm das so gut erzählen kann. Und dein Töchterchen wird noch viel mehr lernen. Eine ganze Menge. So daß sie eines Tages Lehrerin sein und andere Kinder unterrichten wird.« Aber dann tippte ich an den Kopf. »Ach, jetzt habe ich ja ganz vergessen, daß dein Töchterchen nichts lernen wird, denn es kann nicht zur Schule gehen, es wird auch nicht die Kugel sehen, die wie die Erde ist. Denn die anderen Leute im Dorf werden sagen, wo sind die hundert Ziegel von Jaime Serrudo? Wir alle haben hundert und mehr Ziegel gebracht, und Jaime Serrudo keinen einzigen, so soll auch seine Tochter nicht in die Schule gehen.«

»Ich bringe die Ziegel!« rief Jaime. »Ich bringe sie! Ich bringe sie schöner als alle anderen.«

»Dann ist es gut«, sagte ich, »denk an deine Tochter, Jaime Serrudo!«

In den nächsten Tagen wuchsen die Mauern meines Schulhauses um einige Lagen Ziegel. Aber dann geriet der Bau erneut ins Stocken. Wieder mußte ich in die Hütten gehen und die Männer antreiben. Bei den schwierigen Fällen nahm ich den Sindicato mit, und die ganz schweren behielt ich Don Felipe vor.

Inzwischen hatte ich noch andere Sorgen. Pablo Mamanio konnte zwar Waren in Sucre verkaufen und einkaufen, aber hier, in Huayllas, ging es drunter und drüber.

Entweder kamen alle Frauen zugleich, um einzukaufen oder sie kamen zu den unmöglichsten Zeiten.

Pablo Mamanio kam lamentierend zu mir und bat, ich möge ihm helfen. Und so stellte ich mich hinter den Ladentisch und half Pablo. Es war ja erbärmlich wenig, was wir anzubieten hatten, aber ich hoffte, es würde einmal mehr werden.

Einige Campesinofrauen waren noch nie in Sucre auf dem Markt gewesen, und einen Laden kannte keine von ihnen. Ich mußte ihnen erst erklären, daß nicht alle auf einmal bedient werden konnten, sondern nur eine nach der anderen. Und dann zeigte ich Pablo, wie man Kundschaft bediente. Ich erklärte ihm die Waage, die ich spendiert hatte, und wie er sie einstellen müsse. Und dann wanderten Kokablätter in einen speckigen, verschwitzten Hut, Nudeln in das Umschlagtuch und Zucker in einen Zipfel der Pollera, des weiten Frauenrocks. Dann wurde das Geld, das im Busen verwahrt war, herausgeholt, und die Streichholzschachteln dort hineingesteckt, denn sie waren fast ebenso kostbar wie Geld. Oft fragte ich mich, wie die Frauen das Gekaufte nach Hause brachten.

Ich notierte, daß wir wenigstens einige Papiertüten anschaffen mußten, um bestimmte Waren schon vorher abzupacken.

Als es etwas ruhiger wurde und die meisten Frauen unseren »Laden« schon verlassen hatten, bemerkte ich, daß eine junge Frau äußerst vorsichtig das Geld zwischen den Brüsten herausholte. Sie stand auch etwas nach vorn geneigt, damit der Stoff nicht zu stark gegen ihre Brust drückte.

»Was fehlt dir?« fragte ich.

»Oh, nichts, Mütterchen.«

»Aber du hast Schmerzen! Das sehe ich doch.«

»Es wird wieder gut«, sagte sie.

Ich überließ Pablo seinem Schicksal und nahm die Frau mit in meine Hütte. Dort forderte ich sie auf, sich frei zu machen. Ich hatte es geahnt: ihre abgezehrten Brüste waren wund. Die eine sah schlimm aus.

»Mein Gott«, sagte ich, »warum bist du nicht eher gekommen? Woher kommt denn das?«

»Ich habe ein Kind«, sagte sie, »und das trinkt noch.«

»Und wie alt ist das Kind?«

Sie rechnete. Es mußte ungefähr zweieinhalb Jahre alt sein.

»Und seitdem hast du es an der Brust?«

»Ja, Mütterchen.«

Ich setzte sie auf meinen Stuhl und strich ihr über das Haar. Ich wandte mich meinen Medikamenten zu und starrte die Packungen, die Fläschchen, die Röhrchen, die Tiegel, die Büchsen an. Ich hatte schon gehört, daß Frauen die Kinder bis zu drei Jahren stillten, damit sie ihnen bei der Umstellung auf feste Nahrung nicht wegstarben, oder weil sie einfach nicht genug Nahrung für das Kleine hatten. Daß das Kind aber schließlich an der Mutterbrust verhungerte, verhungern mußte, hatte ihnen noch keiner gesagt.

»Wie heißt du?« fragte ich, um etwas zu sagen. Ich war im Augenblick einfach nicht fähig, etwas zu tun. Schlagartig war mir aller Mut genommen. Wie konnte ich etwas erreichen, wenn es an den primitivsten Voraussetzungen fehlte? Ich stand vor einer Wand aus Armut und Unwissenheit.

Die junge Frau hatte auf meine Frage geantwortet. Patrona Duran hieß sie. Und ihr Mann hieß Pedro Azurduy. Sagte ich schon, daß die Mädchen nach der Eheschließung ihren Namen behielten? Ich bestrich sterile Gaze mit Salbe und legte sie auf die wunden Stellen. Dann verband ich sie. »Hast du einen braven Mann?« fragte ich.

Ja, sie hatte einen braven Mann.

»Dann sag ihm, er darf deine Brüste nicht angreifen. Erst wieder, wenn ich den Verband herunternehme, verstanden?«

Ja. Sie würde es ihm sagen.

»Und du darfst nichts daran tun, gar nichts! Du mußt in zwei Tagen wiederkommen, damit ich nachsehen kann. Und wenn du nicht kommst, werde ich dich holen!«

Sie versprach zu kommen.

»Und wenn du Schmerzen hast, kommst du früher. Auch in der Nacht, verstehst du?«

»Ja, ja.«

»Und sag deinem Mann, daß es nicht gut ist, wenn du jetzt ein Kind bekommst. Du bist zu schwach. Du mußt dich ein bißchen erholen.«

»Aber Señorita«, sagte sie, »es ist doch schon unterwegs.«

Wieder kippte mir der Boden unter den Füßen weg. Was konnte ich tun, als ihren Kopf nehmen und ein bißchen an mich drücken. Dann tätschelte ich ihre Wange. Sie sah zu mir auf, sie hatte ein hübsches Gesicht, aber ihre Augen lagen sehr tief, und ihre Wangen waren hohl. Das Kind hatte, selbst fast verhungernd, sie ausgezehrt.

»Wie heißt dein Kind?«

»Bruno.«

»Wir müssen sehen, daß wir es durchbekommen.«

Sie kleidete sich wieder an. Ich begleitete sie in ihr Haus.

Bruno sah aus, wie ich ihn mir vorgestellt hatte. Ein typisch unterernährtes Kind. Zum Glück hatte ich nun schon einige Büchsen Säuglingsnahrung, die nur mit Wasser zuzubereiten war.

Wir begannen ganz vorsichtig, ihm in möglichst verdünnter Form Nahrung einzuflößen. Nebenbei fütterte ich Patrona mit durch. Sie war zweiundzwanzig und fast verblüht.

Nach zwei Tagen kam sie wie verabredet wieder, das Kind an der Hand. Sie beide waren sehr sauber, Patronas Wäsche am Körper und die Bluse darüber ganz frisch.

Ich lobte sie. »Brav, daß du auf dich siehst«, sagte ich. »Hast du Schmerzen gehabt?«

»Nur ein bißchen, nicht schlimm.«

»Und Bruno?«

»Bruno hat nicht mehr geweint.«

Ich erfuhr, daß er nicht erbrochen und nicht Durchfall gehabt habe.

»Wir wollen noch zwei Tage warten«, sagte ich, während ich den Verband abnahm, »dann können wir ihm etwas mehr geben.« Ich erklärte ihr, daß es gefährlich sei, ihm plötzlich zuviel zu geben, und daß wir ihn ganz langsam an feste Nahrung gewöhnen müßten.

Sie nickte und sah mich mit einer Art von Hingebung an, die ich noch nicht erlebt hatte.

Vorsichtig hob ich die beiden Gazetüchlein ab und atmete auf. Es sah noch immer schlimm genug aus, aber die wunden Stellen waren blasser geworden. Ich legte neue Gazetüchlein auf und verband sie wieder.

Ich lobte sie, weil sie sich so sauber hielt und mir gefolgt hatte. »Ich werde mich am meisten freuen, wenn das wieder in Ordnung ist«, sagte ich. »Es wird bestimmt wieder gut.« Und sie solle auch den anderen Frauen sagen, was ich ihr gesagt habe. Sie wisse eher, welche ihre Kinder so lange stillten. Sie würde mir sehr damit helfen.

Ich nahm die Kartoffel nicht, die sie mir mitgebracht hatte. Es genügte, wenn sie den Frauen erzählte, wie ich ihr geholfen hatte, und wenn sie ihnen zuredete, zu mir zu kommen.

»Der Curandero kann euch nicht helfen«, sagte ich, »er macht euch kaputt. Man kann nicht unterernährte

Kinder satt zaubern, man muß ihnen das Richtige zu essen geben.«

Das leuchtete ihr ein. Und ich spürte, daß mir in ihr eine Helferin zuwuchs.

Wenn ein Campesino etwas von mir will, und er kennt mich noch nicht, dann stellt er sich vor meine offene Tür und wartet. Zu Anfang habe ich die Leute nicht beachtet, ich wußte nicht, daß sie etwas von mir wollten, ich sah auch nicht oft genug aus der Tür, und wenn ich hinaus sah, fragte ich sie nicht.

Nie hat einer von selber zu sprechen begonnen.

Heute stand wieder einer da. Ein junger Mann, den ich nicht kannte. Er lehnte leicht an der Hofmauer und wartete.

»Kommst du zu mir?« fragte ich ihn in Quechua.

»Ja, Mütterchen.«

»Du bist nicht aus Huayllas. Ich kenne dich nicht.«

»Ich komme aus Pitantorilla.«

Ich fragte ihn nach dem Weg und nach der Entfernung.

Er konnte sie in Zeit kaum ausdrücken. Er käme für seinen Vater.

»Was fehlt deinem Vater?«

»Oh, Mütterchen, er hat arge Schmerzen. Er liegt da und stöhnt. Es steht schlimm mit ihm.«

»Schmerzen, wo?«

Er zeigte auf den Bauch.

Das konnte vieles bedeuten, am Ende gar eine Gallenkolik. Ich kramte in meiner Medikamentenschachtel herum und ärgerte mich wie jedesmal, wenn ich meinen ärmlichen Vorrat betrachtete. Ich fluchte innerlich auf die pharmazeutische Industrie, die Millionengewinne einsteckt, und Millionen für Werbung ausgibt und meine Bettelbriefe unbeachtet ließ. Hätte ich nur das gehabt,

was ein Arzt im Lauf eines Jahres als Arztmuster zuge-
schickt bekommt, ich wäre glücklich gewesen. Ich stopfte
alles in meinen Rucksack, was ich vielleicht brauchen
konnte. Auch das Einlaufgefäß mit dem Gummischlauch
nahm ich mit.

Ich sah auf die Uhr, als wir aufbrachen.

Am Ende des Fußmarsches wußte ich, daß wir gut
fünfviertel Stunden unterwegs gewesen waren.

Das Dorf sah nicht viel anders aus als Huayllas, nur
hatte es keine Kirche und keine Finca. Es gehörte früher
ganz zum Besitz des Finquero Martinez, nun allerdings
gehörte der Señora nicht mehr alles. Davon abgesehen
waren es die gleichen armseligen Hütten wie in Huayllas, die gleichen schwarzen Schweine auf der Dorfstraße,
die gleichen räudigen, halbverhungerten Hunde und die
Wohnhöfe mit den gleichen Lehmwänden ummauert.

Ich trat in die Hütte und mußte mich erst an das fen-
sterlose Dunkel gewöhnen. Ich wischte den Schweiß von
der Stirn, denn um die Mittagszeit war es schon wieder
sehr heiß.

»Nun«, fragte ich in das Dunkel, »wo ist unser Kranker?«

Da stöhnte es aus einem Winkel vom Erdboden: »Ay
tatitay, ay mamasniy. Ach, mein Väterchen, ach, mein
Mütterchen.«

Ich kniete mich auf den Boden. Ich war es inzwischen
gewöhnt, den Kranken kniend zu helfen.

»Wo tut es weh?« fragte ich.

Der Alte machte eine kreisende Handbewegung zwischen Rippen und Beingabel. »Da tut es weh, genau da.«

Er meinte sicher, mir damit eine sehr präzise Auskunft
gegeben zu haben.

Ich drückte in der Gegend seines Magens, er zuckte
zusammen. Der Blinddarm fiel mir ein. Auch diesmal
zuckte er zusammen. Ich drückte noch einmal links, das
gleiche Zucken.

»Da überall tut es weh?« fragte ich ungläubig.

»Ja, sehr weh.«

Ich dachte an vieles, an Krebs, ich suchte Metastasen. Aber dann fragte ich, ob er das schon einmal gehabt habe.

»Nein, noch nie!« Er konnte es beschwören.

Dann fiel es mir plötzlich wie Schuppen von den Augen. Ich fragte ihn: »Wann hast du das letztemal gegessen?«

»Gestern abend.«

»Und wann hast du das letztemal das Gegenteil gemacht?«

»Vor einer Woche.«

Ich befahl seiner Frau, mir Wasser warm zu machen. Ich zeigte ihr, so warm wie die Hand ungefähr, ein bißchen wärmer.

»Oh, oh«, jammerte der Alte.

Dann nahm ich das Einlaufgefäß aus meinem Rucksack und wickelte den Gummischlauch ab.

»Oh, oh«, jammerte der Alte, als er meine Vorbereitungen sah.

Um ihn zu beruhigen, tastete ich noch einmal seinen Bauch ab. Steinhart. Verstopfung.

»Gleich wird es besser. Wir werden hinausgehen, und dann wird es besser.«

Seine Frau schlug die Hände über dem Kopf zusammen und sang schon jetzt ein Loblied auf mich. Sein Sohn half ihm auf.

Endlich bekam ich das warme Wasser, schüttete es in das emaillierte Gefäß. Dann nahm ich ein Stück Seife und hielt sie ins warme Wasser, ribbelte es zwischen den Fingern, bis das Wasser milchig wurde.

Dann erklärte ich dem Alten den ganzen Vorgang. Er mußte mir versprechen, das Wasser im Leib zu behalten.

»Oh, oh«, stöhnte er, als gelte es das Leben.

Wir gingen zu einem sitz- und türlosen Häuschen, mit einer kreisrunden Öffnung im Boden, einem Abort, wie ich ihn auch in Huayllas hatte.

Ich erklärte dem Sohn, wo das Schlauchende hinmußte, hielt dann die Kanne hoch und drehte den Hahn auf. Der Alte stöhnte.

»Ganz ruhig«, sagte ich, »ganz ruhig. Gleich ist es gut.«

Die ganze Familie stand indes in respektvoller Entfernung. Auf den Sprung bereit, die Flucht zu ergreifen, falls irgend etwas Entsetzliches geschehen sollte.

Nun war meine Kanne leer.

Ich rief nach einem Löffel und holte die Flasche mit Rizinusöl heraus. Drei Löffel voll bekam er in den Mund. Dann ließ ich mir Wasser zur Säuberung meines Schlauches geben, trocknete alles ab, verpackte es wieder in meinem Rucksack und wusch mir die Hände.

Ich versuchte die Familie abzulenken und sah mir die jüngeren Geschwister des jungen Mannes an, der mich geholt hatte. Sie schienen gesund zu sein, nur waren sie furchtbar aufgeregt.

Da endlich: Ein langgezogener Schrei aus dem Hof. Die Wirkung hatte sich eingestellt. Einige Minuten später wankte der Vater herein, mit tränenden Augen, aber lächelnd.

»Es ist vorüber«, sagte er. Und er meinte, er habe den Teufel im Leib gehabt, und der sei nun wieder aus ihm gefahren.

»Ay tatitay, ay mamasniy«, stöhnte er erschöpft. Und dann forderte er seine Frau auf, mir ein ordentliches Honorar zu zahlen.

Ich bekam ein fürstliches Honorar.

Zehn gekochte Kartoffeln.

Wir haben es in der Schule gelernt. Aber es ist nicht das gleiche, ob man nur davon hört, oder ob man es selbst erlebt.

Noch bin ich zu sehr an den Jahresablauf der nördlichen Halbkugel gewöhnt. Vor einem Jahr, konnte ich mir noch immer sagen, wurden die Tage kürzer und die

«Unterernährung und Krankheit, Armut und Arbeitslosigkeit

wären weniger verbreitet, wenn jene,
die über das notwendige Kapital
zur Finanzierung unserer wirtschaftlichen
Entwicklung verfügen,
Gesetze zur Beschränkung ihres Reichtums
akzeptieren würden oder ihn wenigstens
dort anlegten, wo die Investitionen am
dringendsten sind.

Alle die, die einen individualistischen
und im Grunde heidnischen Begriff vom
Eigentum verteidigen, können sich nicht
auf die Kirche berufen.»

Bischof Larrain, Chile

Nächte länger. Heute vor einem Jahr fuhr ich mit Tobbi nach Frankfurt. Buchmesse. Zwischen Nürnberg und Würzburg hatten wir dichten Nebel. Auf der Rückfahrt fielen schwere Herbstregen.

Jetzt ist es genau umgekehrt. Die Regenzeit beginnt, aber die Regen sind warm, das Land wird grün, die Eukalyptusbäume, die wenigen, die es in der Umgebung von Huayllas gibt, haben neue Triebe.

Der Sommer kommt. Der Cachimayo wird steigen. Der Jeep wird ausbleiben. Meine Campesinos werden wieder untergehakt durch den Fluß waten.

Alles wird leichter werden, weil es Sommer ist und schwerer, weil es noch keine Brücke über den Cachimayo gibt.

Ein Oktober, wärmer als bei uns der April, heiß manchmal um die Mittagsstunden.

Und ein 1. November strahlender und schöner als bei uns der 1. Mai. Die Campesinos ziehen auf den Friedhof zu den Gräbern ihrer Verstorbenen und verbringen den Tag dort und die Nacht zum Allerseelentag. Sie sitzen auf den Gräbern ihrer Angehörigen und beklagen ihre Toten. Die Mütter sind bei ihren vielen, vielen toten Kindern. Die Witwen bei ihren Männern. Und die Halbwüchsigen und Erwachsenen bei ihren Eltern. Es ist ein seltsamer Singsang, in den sie verfallen, ein schmerzliches Jammern, das sich steigert, als die Nacht herabsinkt.

Ich liege in meinem Bett und finde keinen Schlaf. Es ist, als beklagten sie nicht nur die Toten, sondern auch ihr Leben. Ihr Schicksal. Die Jahrhunderte ihrer Unterdrückung, das Absinken in Sklaverei und Leibeigenschaft.

Sie sind zwar gläubige Christen, und ihr Glaube ist vom streng katholischen Spanien geprägt, aber in dieser Nacht wird mir klar, daß das Inkareich zwar versunken, aber nicht tot ist.

Vielleicht erinnern sie sich in einer solchen Nacht an ihre alten Götter, an Mama-Kilya, die Mondgöttin, an

Ilyapa, den Regengott und an Pachamama, die Erdmutter.

Ich denke an meine Eltern. Meine Brüder.

Drei Kinder hatte meine Mutter geboren, alle drei Kinder leben. Anders konnte sie es sich nicht vorstellen ... Längst war der Tod für uns nicht mehr ein elementares Erlebnis. Er war für uns mehr und mehr zum Schönheitsfehler des Lebens geworden. Wir wollten wenig von ihm wissen, darum vergaßen wir so schnell unsere Angehörigen, die so ungeschickt gewesen waren, zu sterben.

Ich fand keinen Schlaf in dieser Nacht, da die Totenklagen der Indios durch das Tal klangen.

Advent.

Mittags über dreißig Grad im Schatten. Schwitzende Campesinos auf den Feldern. Schafe und Esel auf den grünen Hängen.

Die Fliegen summen vor dem Fenster, ganze Geschwader, ich höre nur mehr die dicken Brummer heraus.

Hoch steht die Sonne zu Mittag, fast im Zenit. Wenn ich mich in meinen Hof stelle, habe ich fast keinen Schatten.

Don Felipe ist aus Sucre gekommen, die Campesinos haben ihn durch den Cachimayo mehr getragen als geführt, mitsamt seinem Maultier. Er hat einen Riesenkarton flaumgelber Küken mitgebracht. Eine gesunde, amerikanische Rasse. Er hat eine schriftliche Anleitung dabei, wie sie zu pflegen und zu verpflegen sind. Und da wir nicht wissen, wohin mit den Küken, lassen wir sie in der Küche des Pfarrhauses laufen.

Weihnachtsgottesdienst in Huayllas. Ein Falter flattert in einem Sonnenstrahl. Weihrauchduft. Fliegengesumm. Die Campesinos schwitzen.

Der Platz der Finquera ist leer ...

Das Weihnachtsevangelium wie bei uns. »Es begab sich aber zu der Zeit . . .« Und dann spricht Don Felipe. Von der Geburt Christi, und wie herrlich es Gott eingerichtet habe, daß Christus gerade in diesen Tagen geboren wurde, da die Sonne am höchsten steht. Da sie ihr Licht allem spendet, das wächst, ihre Wärme dem Leben Kraft gibt. Er spricht sehr viel von der Sonne als Spenderin alles Lebens, und ich frage mich, ob er damit verschüttete Erinnerungen der Campesinos aufspüren, Verbindungen zu ihren Vorfahren herstellen will, deren oberste Gottheit die Sonne war.

Aber dann spricht Don Felipe weiter. Er erzählt von der Herbergssuche. Und plötzlich sind Josef und Maria Campesinos, wie die von Huayllas. Maria trägt einen Filzhut und hat ihr Haar in zwei schwere Zöpfe geflochten und selbst ihre weite Pollera kann nicht verbergen, daß sie hochschwanger ist. Die Frauen seufzen, wie Don Felipe vom Zustand der Maria spricht, sie kennen ihn. Und da sind die hartherzigen Leute, die Reichen, die Herrschenden, die keinen Platz für sie haben, der dicke Wirt nicht und die Geschäftsleute nicht und auch nicht der Finquero, der ein prächtiges Haus besitzt. Campesinos sind es, die Josef und Maria aufnehmen, der Sindicato bringt sie in den Stall des Dorfes, und so kommt Don Felipe wieder zu Ochs und Esel. Und plötzlich wissen wir alle, Huayllas ist Bethlehem, und draußen vor dem Dorf, auf den Hängen, wo die Schafe weiden, wird der Engel den Kindern erscheinen, die die Schafe hüten.

Ich bekomme eine Gänsehaut, so ergriffen bin ich. Oder ist es nur die Rührung der Campesinos, die sich auf mich überträgt?

Ist es die Nähe des Erlebnisses? Die Campesinos würden schwören, daß Maria ihren Sohn kniend zur Welt gebracht hat, wie denn anders hätte sie ihn gebären können? Auf ein Lammfell oder auf sauberes Stroh. Hier wurde noch jedes Kind wie Christus geboren, war arm wie Christus. Und die Armen kamen als erste an seine

Krippe. Nur die Heiligen Drei Könige würden hier nie kommen. Wie denn auch, wenn die Wasser des Cachimayo so zornig dahinschossen!

War das der Grund, weshalb die Campesinos ihre Kinder nicht schlugen, sie mit unendlicher Geduld erzogen, weil sie ihre Kinder als Kinder Gottes auffaßten?

Jenseits aller Fragen freue ich mich, daß Don Felipe nun zu denen gefunden hat, für die er da sein soll, und für die Christus da war.

Ich gehe aus der Kirche. Die Glocke klingt blechern. Die Sonne scheint drückend heiß, und dennoch ist mir weihnachtlich zumute. Kein Schnee knirscht unter meinen Füßen, nur der Staub von Huayllas legt sich auf meine Sandalen. Ich habe keinen Weihnachtsbaum, kein Geschenk von daheim, nicht einmal eine Postkarte mit Tannenzweig und Kerze, und trotzdem fühle ich, daß Weihnachten ist.

Ich denke an die Kirchen in Deutschland, mit Zentralheizung und Parkplatz, an unseren Pfarrer ganz speziell, der in jeder Predigt sein Pflichtsoll gegen den Konsum liefert, und nachher ausschließlich Familien aufsucht, die sehr viel konsumieren. Ich denke an die konsummüden Oberschüler und -schülerinnen aus gutbürgerlichem Haus, die den Arbeitern vor den Kaufhäusern einreden, sie sollten sich nichts kaufen, weil sie damit nur die Konzerne reicher machten, ohne zu erkennen, daß ihre Gesprächspartner ohnehin nur kauften, was sie brauchten.

In Huayllas kann man kein Einkaufsfestival veranstalten, und es ist müßig, den Campesinos Konsumverzicht zu predigen.

Ich habe für die Mädchen kleine Stoffpuppen genäht und für die Buben winzige Modellautos kommen lassen. Markus hat sie mir gebracht, als der Jeep noch durch den Cachimayo kam.

Aber bevor ich losziehen kann, kommen die Campesinos zu mir. Sie bauen sich gegenüber meiner Tür auf

und warten. Ich bekomme eine Pollera und einen Wandteppich mit wunderschönen alten Indiomustern. *delegation*

Ich drücke jedem einzelnen der kleinen Abordnung die
Hand. Ich umarme sie. Und ich nehme meinen Korb mit
den Püppchen und den Autos und gehe mit ihnen durchs
Dorf.

Rauch und Bratenduft liegt über Huayllas, so manches
Schaf, so manches Schwein hat dran glauben müssen.

Nach einem Jahr in Huayllas merkte ich, daß zwei Jahre
nie reichen würden, daß das eine Jahr, das mir noch
blieb, viel zuwenig war.

Zum Glück sah man in Sucre ein, wie wichtig es war,
daß meine Arbeit fortgeführt wurde.

Ein Tag Ende Januar. Heiß und schwül, es würde Regen geben. Windböen wirbelten rötlichen Staub auf. Wir
zogen mit den Eseln los und warteten am Fluß. Heute
sollte die neue Voluntaria kommen. Der Jeep war noch
nicht da. Wir hockten uns am Flußrand auf Felsblöcke
und blickten hinüber zu den Hügeln.

Und auf einmal wurde mir bewußt, daß ich eine von
ihnen war und daß die »Neue« von draußen kam, aus
der Welt, die nicht Huayllas war. Huayllas war meine
Heimat geworden, der Mittelpunkt der Welt. Ich konnte
mir nicht vorstellen, daß es in Tirol und Bayern vielleicht
schneite. Wir hatten Sommer, und deshalb war auf der
ganzen Welt Sommer. Ich wunderte mich nicht mehr,
daß ich im Januar schwitzte. Ich war nicht mehr in der
verkehrten Welt, sondern die anderen waren es.

Plötzlich war Motorengeräusch in der Luft. Wir waren
aufgesprungen und schauten zum anderen Ufer. Hinter
dem Hügel kam der Wagen die Steigung herauf. Wir
hörten das hochtourige Heulen des Motors. Dann tauchte die Staubwolke auf. Die Männer riefen. Und dann
war der Wagen da, der Fahrer schaltete vom ersten in

den zweiten Gang, der Wagen rollte das letzte Stück den Hang herunter und blieb drüben stehen. Genau an dem Punkt, an dem einst Joe gehalten hatte.

Markus sprang herunter und winkte, wir winkten und riefen zurück.

Ich steckte meine Pollera hoch, hakte mich in die Reihe ein und dann gingen wir. »Un, dos, un, dos, un, dos«, sangen wir im Chor. Als ich einmal etwas zu schnell war und den Fuß vor den Männern nach vorn setzte, merkte ich, wie rasend das Wasser dahinschoß.

Drüben begrüßten wir die »Neue« und Markus.

»Ich hab' ihr schon g'sagt, daß dir eine weggelaufe isch«, sagte Markus, »die läuft dir bestimmt net weg.«

Sie gestand mir, daß sie mich für ein Campesinomädchen gehalten habe, mit meiner braunen Haut, meinen dunklen Zöpfen und dem Rock. Sie schien zu bedauern, daß sie blond war. »Wenn ich viel an die Sonne geh«, sagte sie, »wird mein Haar ganz weiß.«

»Hauptsach'«, sagte Markus gemütvoll, »du kriegst koi Glatze.«

In Huayllas wußte ich schon viel von ihr. Sie hieß Andrea, war Handarbeitslehrerin und hatte mehrere Geschwister. Der Vater war ein kleiner Beamter bei der Bahn.

Sie war von Anfang an anders als Christa. Sie jammerte nicht darüber, daß unsere »Toilette« keine Tür hatte und daß praktisch jeder sehen konnte, was wir darin taten. Sie nahm die Dinge, wie sie waren. Und wenn sie etwas fragte, dann drehte es sich um unsere künftige Arbeit.

Vor dem Wandteppich, den ich zu Weihnachten geschenkt bekommen hatte, blieb sie stehen.

»Wer macht das?« fragte sie.

Sie war sofort Feuer und Flamme, als sie hörte, die Frauen aus dem Dorf hätten ihn mir geschenkt.

»Toll!« rief sie. »Da könnten wir fast eine kleine Heimindustrie aufziehen. Mit solchen Sachen! Ich werde mir eine Mappe über die Muster anlegen, die sie verwenden. Was sind es denn für Tiere?«

»Es müssen sehr alte Darstellungen sein, noch aus der vorchristlichen Zeit. Fabeltiere.«

»Auch die Ornamente sind sehr schön. Können das alle hier?«

»Ich glaube nicht.«

»Dann müssen wir Kurse abhalten, damit es nicht vergessen wird. Es wäre zu schade.«

»Fein, in der Abendschule.«

»Wo ist das Wasser?« fragte sie später.

»Ich kann es dir gleich zeigen.«

Wir nahmen jeder einen Eimer und gingen den Weg zum Bach hinunter. Nichts war schlimm für sie. Sie wunderte sich, daß Kakteen im Freien wuchsen und berichtete, daß ihr Vater in einem Kakteenliebhaberverein sei.

»Du hättest sie blühen sehen sollen«, sagte ich. »Leuchtend rote und tieforange Blüten. Ich glaube, nichts blüht schöner als Kakteen.«

»Schade, daß ich sie nicht kenne. Mein Vater würde sicher gern wissen, welche es sind. Ich muß sie ihm ganz genau beschreiben.«

An der Waschstelle waren einige Frauen mit ihrer Wäsche beschäftigt. Auch Patrona Duran war dabei, die wieder rund wurde.

»Oh, Mütterchen«, sagte sie. »Ich freue mich, daß du jetzt wieder eine Schwester hast.«

Ich fragte sie, ob ich zu ihrer Entbindung kommen solle. Sie nickte.

»Alle Frauen, bei denen du warst, wenn sie ihr Kind bekamen, sagen, es ist leichter mit dir.«

»Ich werde kommen«, versprach ich, obwohl ich nicht wußte, wieso eine Entbindung mit mir leichter sein sollte.

Als wir den Steig zum Dorf zurückgingen, unsere Wassereimer auf dem Kopf, ging vor uns eine Frau mit ihrer Wäsche.

Unterwegs hockte sie sich auf einen Stein und ruhte sich aus, dabei zog sie ihren Rock ein wenig in die Höhe. Ich bemerkte sofort, daß sie Geschwüre an den Beinen hatte. Da blieb ich stehen und fragte sie, warum sie nicht zu mir komme, ihre Beine sähen ja entsetzlich aus. Zu spät fiel mir ein, daß ihr Mann der Curandero, der Zauberdoktor, war.

»Hat dein Mann deine Geschwüre behandelt?«

»Ja, Kindchen.«

»Und was hat er auf die wunden Stellen geschmiert?«

»Lehm, Mütterchen, nur Lehm.«

»Du kommst sofort zu mir, verstanden? Wenn hier noch einmal Lehm drauf kommt, kannst du deine Beine verlieren. Und deinen Mann zeige ich dann an.«

Sie ging mit uns. Ich wusch ihr sorgfältig den Lehm ab, legte dann eine schmutzziehende Salbe auf die wunden Stellen und verband ihre Beine.

»Hat dir Patrona Duran nicht gesagt, wie ich ihre wunde Brust geheilt habe?«

»Aber ja, Mütterchen«, seufzte sie, »aber ja. Mein Mann . . . Ich wollte nicht . . .«

Ich sagte ihr, sie solle sich immer wieder ein bißchen hinlegen und die Beine hochbetten, ich zeigte ihr wie, dann würde es bald besser werden.

Ich führte Andrea durchs Dorf, die Schule war fast fertig, wir warteten auf die Fenster und Türstöcke, der Estrich war schon gelegt. »Wir bekommen dann noch eine bolivianische Lehrerin«, sagte ich. »Eines Tages werden wir noch ein ganz tolles Schulzentrum.« Von der halbfertigen Schule gingen wir zur Tienda, unserem Supermarkt.

Pablo begrüßte uns wie ein gewiefter Geschäftsführer. Ob wir Kokablätter kauen wollten?

»Nein, danke, Pablo. Ich zeige der neuen Lehrerin nur unseren Genossenschaftsladen.«

Dann gingen wir zum Pfarrhof, wo die neuen Hühner heranwuchsen. Juan Serrudo fütterte sie gerade.

»Sind es noch alle?« fragte ich.

»Ja, Señorita. Außer den zweien, die gleich gestorben sind, sind es noch alle.«

»Juan ist mein eifrigster Helfer«, erklärte ich. »Er wird bestimmt einmal einen Lastwagen fahren. Lesen und schreiben kann er schon recht gut. Nicht wahr, Juan?«

Andrea reichte ihm die Hand und sagte, ich hätte schon viel von ihm erzählt, und auch in Sucre habe sie schon von ihm gehört.

Ich freute mich. Andrea konnte mit den Leuten umgehen. Sie konnte sie gewinnen. Und sicherlich gefiel sie allen, weil sie so blond war. Sie war ein wenig größer als ich, nicht üppig, aber auch nicht sehr schlank. Sie war einfach schön anzusehen. Und sie gehörte zu jenem blonden Typ, der tief braun wird und keine Sommersprossen bekommt.

Zwei Wochen später warteten mehr als zwanzig Campesinos vor unserer Tür.

Als ich mit Andrea heraustrat, lächelten sie.

Der Sindicato trat vor und hielt eine kleine Rede.

»Mütterchen«, sagte er, »diese Leute kommen mit einer Bitte. Schlag sie ihnen nicht ab, wenn es dir auch viel Mühe machen sollte.«

»Ich werde sie schon nicht abschlagen«, sagte ich. »Was wollen sie denn?«

»Sie wollen, daß du ihnen jeden Tag Abendschule hältst, nicht nur zweimal in der Woche.«

Mir wurden die Knie weich. Wenn das nicht ein Erfolg war, dann wußte ich nicht, was Erfolg war.

»Wir werden es machen«, sagte ich. »Wir werden vieles tun. Denn wenn *ihr* wollt, dann wollen auch *wir*. Wir werden uns überlegen, wie wir Huayllas schöner machen können und jedes einzelne Haus. Wir werden nachdenken, wie wir es alle besser haben können, und besonders eure Kinder. Und ich werde überall erzählen, daß die Campesinos Leute sind, die gerne lernen, und die gut lernen, und sich vieles merken.«

Als wir wieder allein waren, sagte Andrea: »Und in Sucre hat mir ein Kaufmann erzählt, daß ich zu diesen Indios erst gar nicht hinauf muß. ›Faules Pack, jede Mühe vergebens. Sie kauen Koka und warten, daß die Sonne aufgeht. Zu mehr sind sie nicht nütze.‹«

»In Wirklichkeit fürchtet er, daß sie eines Tages mehr wissen als er. Weil er sie dann nicht mehr übers Ohr hauen kann.«

Spätestens jetzt in der Erntezeit lernten meine Campesinos den Unterschied zwischen der Hälfte und einem Drittel erkennen. Zum erstenmal behielten sie zwei Drittel statt nur der Hälfte. Und zum erstenmal hatten sie außerdem etwas mehr als ihren persönlichen Bedarf angebaut. Das machte zwar die Einbuße der Finquera durch die neue gesetzliche Teilung fast wieder wett, aber meine Campesinos hatten mehr, und das war das Entscheidende.

Don Felipe war eigens heraufgekommen, um uns bei Schwierigkeiten an die Hand zu gehen. Aber es war nicht mehr nötig. Señora Martinez hatte endgültig resigniert und ließ sich nicht blicken.

Wir verteilten auch die Hühner, die jetzt gesund und unternehmungslustig wirkten, an die Campesinos. Wir brauchten nur noch einige Hähne, um auch hier weiterzukommen.

In den Häusern war ein Wettbewerb angelaufen, der fast unter dem Motto »Schöner wohnen« stehen konnte. Die kältere Jahreszeit mit ihren empfindlichen Temperaturschwankungen, an manchen Tagen an die dreißig Grad, und den Nachtfrösten, rückte wieder näher. Es konnte nicht gut sein, daß die Leute praktisch auf dem Boden schliefen. Bettgestelle konnten wir aus Holzmangel nicht herstellen. So mußten wieder Lehmziegel herhalten. Die Männer bauten einen Lehmsockel in unge-

➡ **Die Unterentwicklung**
mordet jährlich ⬅
➡ **Millionen von Menschen.**
➡ **Es gibt in der ganzen** ⬅
Weltgeschichte ⬅
keinen grausameren Krieg.
➡ **Dieses Massensterben**
ist ein Skandal, ⬅
➡ **der zum Himmel schreit.**
➡ **Unsere Bedrohung** ⬅
des Friedens heißt ⬅

Unterentwicklung.

Bischof Larrain, Chile

fährer Höhe eines Bettes, der gleich für die ganze Familie reichte. Sobald die Lehmziegel getrocknet waren, wurden Felle darauf gelegt. Es war ein echter Fortschritt, und einer spornte dabei den anderen an. Ich wurde in die Häuser geholt und mußte zusehen, mit welchem Eifer sie bei der Sache waren.

Eine kindliche Freude hatte sie erfaßt, ein mir und sicherlich auch ihnen bis dahin unbekannter Schaffensdrang. Junge Männer, knapp davor, eine Familie zu gründen, bauten ihre Hütten schon anders, sie planten von vornehrein die erhöhte Schlafstelle mit ein. Dann war der erste da, der zweigeschossig bauen wollte und wieder einer versuchte ihn zu übertrumpfen, indem er Fenster einplante. Fenster! Bisher hatte kein einziges Haus in Huayllas Fenster gehabt. Außer der Finca, der Kirche und der neuerrichteten Schule.

Vor dem Ort legten wir einen Schulgarten an, in dem die Kinder gerne arbeiteten. Wir wollten es mit Beerensträuchern, Erdbeeren und einigen Gemüsen versuchen. Natürlich hofften wir, daß sich die Frauen an unserem Garten ein Beispiel nehmen würden.

Andrea zog nebenbei eine regelrechte kleine Heimindustrie auf. Sie war tagelang unterwegs gewesen, um in benachbarten Dörfern nach indianischen Mustern zu suchen. Sie hatte sie alle aufgezeichnet, eine ganze Mappe voll, und nun sollten danach auf dem Webstuhl in Huayllas neue Wandteppiche entstehen. Die Mädchen des Dorfes waren begeistert von ihr. Aber wir hatten nicht genug Webstühle, wir mußten neue bauen, dafür brauchten wir Holz.

Was blieb uns übrig, wir liefen hinunter an den Cachimayo und warteten auf Markus. Dann gingen wir mit den Männern hinüber und zeigten ihm, was er bringen mußte. Wir drohten ihm den Wagen zu stehlen, wenn er es vergaß. Dann gaben wir ihm das Geld, das wir zusammengekratzt hatten.

Eine Woche später warteten wir an der gleichen Stelle

auf ihn. Ein paar Mädchen waren mitgekommen. Schon von weitem sahen wir die Holzleisten aus dem Jeep ragen. Wir führten Freudentänze auf. Markus hatte uns nicht vergessen. Nun konnten wir neue Webstühle bauen. Zum Glück hatte Pedro Azurduy Talent zum Schreiner.

Als wir nach Huayllas zurückgingen, sprachen wir von Geld. Mit Geld war sicherlich nicht alles zu machen, aber mit nur ein bißchen mehr Geld hätten wir viel mehr erreicht.

Wir mußten uns auf den Winter vorbereiten. Natürlich hatte ich schon das ganze Jahr über gespart, Vitaminpräparate gekauft, Mittel, die man bei uns gegen Erkältung nahm. Ein zweites Mal wollte ich nicht so hilflos dastehen. Aber an allen Ecken und Enden stießen wir schnell an die Grenzen unserer Möglichkeiten. Und gerade auf dem Gebiet der Krankenpflege mußte ich etwas bieten, denn wir hatten eine weitere Schlacht gewonnen.

Nachdem die offenen Geschwüre an den Beinen der Frau des Curandero geheilt waren, hatte der Zauberdoktor resigniert. Er schickte die Leute kurzerhand zu mir und weigerte sich auch, Hausbesuche zu machen, falls ihn ältere Leute noch darum baten. Ausschläge wurden also nicht mehr durch Auflegen von Mist und Kokablättern kuriert, offene Wunden nicht mehr mit Lehm zugeschmiert.

Nur der erblindeten Frau konnte ich nicht helfen. Aber das machte ihr wenig aus. Ich hatte ihr erklärt, was ihr fehlte, und daß nur ein Doktor in Sucre oder in La Paz ihre Augen kurieren könne, durch eine Operation. Und da hatte sie gesagt, es sei gut. Sie wolle nicht in ein Hospital, sie wolle in Huayllas in meiner Behandlung bleiben. Sie finde sich gut zurecht, und solange sie bei ihrem Sohn, dessen Frau und Kindern sein könne, gehe ihr nichts ab.

Das Eigenartige an unserem Verhältnis war, daß wir

uns nun beide als Mütterchen anredeten. Sie sagte es zu mir und ich zu ihr.

»Wenn du sagst, daß es so sein muß, wird es so sein.« Sie vertraute mir ohne jede Einschränkung. Ich glaube, ich litt mehr unter ihrer Blindheit als sie. Denn in meinem einzigen immer wiederkehrenden Traum, den ich in Huayllas hatte, erschien ein Sanitätswagen. Ich sah ihn ganz genau. Cremeweiß lackiert mit dem Roten Kreuz. Zwei Männer stiegen aus, ein Sanitäter und ein Arzt. Der Arzt war Doktor Bremer.

Doktor Bremer, rief ich in meinem Traum, Sie kommen nach Huayllas?

Wir holen die Blinde, antwortete er. Endlich haben wir in Sucre ein eigenes Krankenhaus.

Da begann ich im Traum zu laufen, die Straße hinauf, zu meiner Blinden. Unversehens wurde die Straße immer steiler, ich mußte längst aus Huayllas hinausgeraten sein, atemlos rannte ich weiter und wunderte mich, daß Huayllas so groß geworden war. Atemlos wachte ich auf und mußte niedergeschlagen feststellen, daß der Wagen mit dem Roten Kreuz nur ein Traum war.

Nach Huayllas kam kein Arzt, der meine Blinde abgeholt hätte.

Anfang April liefen wir an einem Donnerstag nachmittag aus unserer Hütte. Motorengeräusch lag vibrierend in der Luft. Sollte ein Helikopter kommen?

Wir rannten das Stück Straße hinunter zur Plaza und suchten den Himmel ab.

Aber dann erkannten wir das Geräusch. Wir waren es in Huayllas nur nicht mehr gewohnt. Es war der Jeep. Obwohl der Cachimayo noch sehr viel Wasser führte, hatte er die Furt durchquert, um uns die Fenster und Türen für unsere Schule zu bringen.

Markus sprang ab und ließ den geschundenen Motor

noch ein bißchen laufen. Er machte sich sofort daran, die Knoten des Seils zu lösen.

Juan lief, um junge Männer zu holen, die uns helfen sollten.

»Nun, wie geht's euch?« fragte Markus. »Mensch, das isch jedesmal eine Fahrt da herauf«, stöhnte er und wartete nicht auf unsere Antwort. »Hoffentlich sind die Fensterscheiben noch ganz.«

Inzwischen war Juan Serrudo mit Helfern zurückgekehrt. Markus kletterte auf den Jeep und reichte vorsichtig die Türen herunter, zwischen denen die Fensterflügel verpackt waren. Gott sei Dank, keine einzige Scheibe war kaputt.

Andrea drückte Markus einen Kuß auf die Wange, weil er die Fenster heil heraufgebracht hatte.

Markus war rot geworden und sagte: »Das wird wahrscheinlich der höchste Kuß in meim Lebe bleibe.«

Er hatte Verpflegung mitgebracht, Post und noch ein Bündel Holzleisten, die er bei einem Bau aufgelesen hatte.

»Könnt ihr vielleicht Draht brauchen?« fragte er. Er habe eine Rolle. »Die muß ein Wagen verloren haben. Sie lag mitten auf der Straße.«

»Wir können alles brauchen«, sagte Andrea. »Und wenn wir Pullover draus stricken.«

Er gab uns die Rolle.

Juan brachte einen Freund mit, der Markus etwas fragen wollte.

»Señor«, fragte er Markus, »würdest du mir auch Fenster aus Sucre bringen?«

»Natürlich«, sagte Markus, »was ihr braucht, bringe ich.«

Der Campesino bedankte sich überschwenglich bei Markus, bei uns Mädchen und auch bei Juan, der immer mehr ein Bindeglied zwischen dem Dorf und uns wurde.

Eine Woche später war die Schule fertig. Die Tür in den kleinen Vorraum ging auf und zu, die zwei Türen in die Klassenzimmer ebenso. Auch die Fenster ließen sich öffnen und schließen. Und die Glasscheiben besaßen bereits eine Fingerabdrucksammlung, weil Erwachsene wie Kinder den spröden Körper angreifen mußten, um zu sehen, ob wirklich Glas im Fenster war.

Nun begannen sich die Ereignisse zu überstürzen. Ein großes Fest war im Anzug, die Eröffnung der Schule. Die Musikkapelle des Ortes übte. Endlich konnte sie den alten Wasserkanister gegen eine echte Trommel austauschen, sie war zwar nicht neu, aber sie dröhnte. Und wie! Die Kinder hielten sich die Ohren zu, wenn der Trommler mit dem Schlegel weit ausholte. Dazu spielte die Flöte und die Charango.

Und noch etwas trat ein. Huayllas bekam Besuch von den Campesinodörfern ringsum. Nicht nur, daß man die neue Schule bewunderte, und die Fensterscheiben wenigstens einmal angefaßt haben mußte, nein, man ging auch in den Laden und kaufte dort ein. Pablo Mamanio überschlug sich, wenn ich mit Andrea in den Laden kam.

»Heute waren schon wieder zwei aus einem Nachbardorf da, Señorita. Sie haben eine Menge gekauft. Und sie waren sprachlos über unsere Schule. Señorita, wir müssen noch etwas machen. Wir müssen unsere Schule weiß tünchen wie die Kirche und die Finca und das Pfarrhaus. Uns steht es nicht zu, daß wir weißgetünchte Häuser haben, aber der Schule schon.«

»Und wer soll das machen?« fragte ich.

»Ich, Señorita, ich werde es tun. Ich habe das letztemal Kalk mitgebracht, ich werde die Schule weiß streichen. Ich und meine Freunde. Heute werden wir es noch tun.«

Nicht nur zu Mamanio kamen die Fremden, sie gingen auch in die Häuser und sahen sich die Webstühle an und tauschten Muster aus. Und die Mädchen aus unserem Dorf kamen sofort zu Andrea, wenn sie ein neues Muster bekommen hatten.

Auch die erhöhten Schlafstellen interessierten die Besucher, und sie standen lange vor den zwei entstehenden

zweigeschossigen Häusern und unterhielten sich fach-
männisch mit den Bauherren, so wie sich bei uns die
Bauherren über Finanzierung, Planung, Genehmigungs-
verfahren und alle Schwierigkeiten unterhielten. In diesem einen Punkt waren sie uns Europäern überlegen.
Baugrund war zu haben, die Häuser waren nicht zu
teuer.

»Und die Löcher in der Wand, wozu sind die da?«

»Das sind Fenster. Da sollen Fenster hinkommen.«

»Fenster mit Glas?« fragten die Besucher fassungslos.

»Ja, Fenster mit Glas. Wie in der Schule, wie in der
Finca.«

Don Felipe kam zu uns nach Huayllas herauf.

»Bis nach Sucre«, rief er, »bis nach Sucre kam die
Kunde, daß die Schule in Huayllas fertig ist.«

»Es ist ein großer Tag für Sie«, sagte er zu mir. »Sie
haben von Anfang an daran geglaubt. Nie dachte ich«,
sagte er zu Andrea, »nie dachte ich, daß sie die Campesinos so weit bekommt, eine so große Schule miteinander
zu bauen. Aber sie hat ihre Kraft weitergegeben, sie hat
Hoffnung nach Huayllas gebracht. Sie hat alles neu gemacht. Sogar mich.«

»Setzen Sie sich, Padre«, sagte ich, »und übertreiben
Sie nicht. Sie vergessen, daß Sie mir dabei viel geholfen
haben.«

»Hier hat sie mich neu gemacht«, sprach er weiter und
zeigte auf sein Herz, »und hier«, er zeigte auf seinen
Kopf. »Und nun lese ich euch etwas vor, was ich gefunden habe.« Er holte einen Zettel aus seiner verschwitzten
Brieftasche.

»Es heißt so«, begann er: »Und nun ihr Reichen!
Weint und klagt über das Elend, das euch erwartet! Euer
Reichtum ist vermodert. Eure Gewänder sind von Mot-
ten zerfressen. Euer Gold und Silber ist verrostet, und
der Rost wird beweisen, wie ihr an eurem Reichtum ge-
hangen habt: Wie Feuer um sich frißt, wird er euch mit-
verzehren! Schätze habt ihr aufgehäuft kurz vor dem

Ende aller Dinge. Der Lohn, um den ihr – und jetzt passen Sie gut auf –, der Lohn, um den ihr euere Erntearbeiter betrogen habt, schreit zu Gott, und die Klagerufe der Schnitter sind dem Herrn der Welt zu Ohren gekommen. Ihr habt geschwelgt und gepraßt auf Erden und euch dabei doch nur auf den Schlachttag gemästet. Ihr habt dem Gerechten sein Recht und sein Leben genommen, er konnte sich nicht wehren.«

Don Felipe faltete den Zettel wieder zusammen und steckte ihn in seine Brieftasche.

»Jakobus fünf«, sagte er. »Vers eins bis sechs. – Huayllas hat es schon damals gegeben; hoffen wir, daß es einst kein Huayllas mehr geben wird. Ich fand bei ihm übrigens noch andere Stellen, die ich nicht mehr vergessen werde.

Ich weiß, Señorita, was Sie jetzt sagen wollen. Aber ich habe gelernt, ich habe viel gelernt! Was nützt es, meine Brüder, sagt Jakobus, wenn einer sagt, er habe Glauben, wenn er keine Werke aufzuweisen hat? Kann denn der Glaube ihn retten? Fehlt es einem Bruder oder einer Schwester an Kleidung oder ermangelt sie der täglichen Nahrung und einer von euch sagt zu ihnen: ›Geht hin in Frieden, zieht euch warm an und sättigt euch!‹ ihr gebt ihnen aber nicht, was für den Leib nötig ist, was nützt es dann? Also verhält es sich auch mit dem Glauben, wenn er keine Werke aufzuweisen hat, ist er für sich allein tot!«

»Das ist der zentrale Punkt«, erklärte Don Felipe. »Ich wußte nicht, daß dies so in der Heiligen Schrift steht. Ich wußte es vielleicht einmal, aber ich hatte es vergessen. Vielleicht hat auch irgendein gescheiter Theologe auf dem Seminar diese Stelle anders interpretiert, ich weiß es nicht mehr. Ich weiß nur, warum ich sie jetzt nicht mehr vergessen werde.«

»Vielleicht geht von Lateinamerika einmal eine Erneuerung aus«, sagte Andrea. »Gerade weil die Ungerechtigkeit hier so groß ist. Jedenfalls hat die Kirche in

Chile Konsequenzen gezogen. Sie hat ihren Grundbesitz hergegeben und ihren Aktienbesitz abgestoßen. Unsere Kirche daheim verhält sich da ganz anders. Ist sie mit dem Bebauungsplan einer Gemeindevertretung nicht zufrieden, setzt sie Druckmittel an, wie jeder kapitalistische Konzern es tun würde. ›Ändert ihr nicht den Bebauungsplan, sagt ein Ordinariat daheim, bauen wir keinen Kindergarten. Dann könnt ihr sehen, wohin ihr eure Kinder gebt.‹ Und das geschieht in der Diözese eines Kardinals, der einst für fortschrittlich galt. Die Gewalt der kleinen Habenichtse prangert man an. Die Gewalt, die von oben kommt, ist noch immer sanktioniert.«

Don Felipe stand auf. »Wir alle müssen noch lernen«, sagte er. »Daß wir hier beisammen sind, wir drei, das läßt doch einiges hoffen.«

Lieber Tobbi,

das Fest ist vorüber, die neue Schule mit zwei Klassenzimmern (!) ist eröffnet. Heute, da alle auf sie stolz sind, frage ich mich, worauf ich stolz sein soll. Im Grunde ist es nicht mehr als ein Schuppen. Nackter Zementfußboden, Schulbänke, jahrzehntealt, nicht mehr sauber zu bekommen, wackelig und Trübsal weckend, wenn die Kinder gegangen sind. Wieder sind die Bleistifte, die Hefte, das Papier knapp. Unsere Tafeln waren einmal schwarz, jetzt sind sie von einem undefinierbaren Grau, und sie werden im Lauf der Zeit immer heller werden, bis man eines Tages die Kreideschrift auf ihnen kaum mehr erkennen kann. Aus Holzleisten und Draht habe ich einen Rechenrahmen gebastelt. Auf den Drähten habe ich Kartoffeln, Karotten und kleine Pfefferschoten aufgezogen. Immer hübsch zehn, und zum Glück bringen die Kinder auch noch zehn Finger mit in die Schule. So können wir doch einiges rechnen.

Freilich war ich am Eröffnungstag stolz. Die Kirchenglocken läuteten. – Ich läute ja eine jeden Tag um acht Uhr früh, sagte ich dir das schon? Weil die Campesinos keine Uhren haben. Meine Uhr ist die einzige im Dorf. Also muß ich läuten. – Diesmal aber läuteten alle Glocken, und der Pfarrer war da, und er stand nicht nur links bei der Predigt, er predigte auch so. So gesehen ist er vielleicht die größte Änderung, die ich hier bewirkt habe. Und so gesehen begreifen sich auch die Campesinos langsam anders. Mein fortwährendes Reden, nicht immer ja zu sagen, wenn sie anderer Meinung sind, sondern auch einmal nein, hat bei den Jüngeren geholfen. Sie widersprechen bereits und tragen ihre Ansicht vor.

Seit neuestem machen wir auch Rollenspiele, in denen wir solche Situationen durchspielen und dann darüber diskutieren. Aber zurück zum Fest. Es war ein schöner Herbsttag, wie es ihn nur im April gibt. Zu Mittag war es noch sehr heiß, und unsere Musikanten schwitzten fürchterlich. Die neue Trommel dröhnte durchs Tal und sicherlich auch bis zur Finca hinauf. Aus den Nachbardörfern waren Leute erschienen, die mitfeierten, und die Huayllas prächtig finden, weil es nun eine so große Schule hat und einen Laden.

Und ich habe auch eine Geschichte für dich. Eine Geschichte von den Indios, die, wie die Bolivianer in den Städten sagen, wie die Tiere sind. Denken wie Tiere, handeln wie Tiere und leben wie Tiere.

Einen Tag nach der Eröffnung unserer Schule erschien eine junge Indiofrau mit ihrem Sohn, stellte sich gegenüber der Schule auf und wartete. Ich habe sie leider nicht gesehen, sondern Andrea, die noch nicht so Bescheid weiß, und nicht wußte, was das bedeutete. Der Bub weinte, und die Mutter tröstete ihn und versuchte ihn zu beruhigen. Nach mehr als einer Stunde zogen sie wieder ab.

Am nächsten Tag erschien die Frau wieder mit dem Jungen, sie trug übrigens auf dem Rücken in einem roten Wolltuch ein kleineres Kind, und der Junge heulte wieder. Diesmal war auch der Mann dabei. Er schimpfte lautlos auf den heulenden Jungen ein, der aber steckte den Kopf in die Falten der Pollera seiner Mutter und heulte weiter.

Am nächsten Tag weinte der Junge nicht mehr. Er ging auch näher an die Schule heran, aber noch nicht in sie hinein. Er setzte sich auf die Lehmbank neben der Tür, packte aus einem blauen Lappen eine Handvoll gekochter Maiskörner und pickte sie einzeln auf. Ich sehe ihn noch auf der Bank sitzen, das Haar mit viel Wasser frisiert, saubere Blue jeans, ein weißes, geflicktes Hemd. Wenn ich denke, daß ich Schüler habe, durch deren Hosen der blanke Po herausschaut, so war er sehr fein angezogen.

Ich ging hinaus. Auch seine Mutter war sauber und adrett und hübsch. Sie lächelte ohne Verlegenheit und hielt mir auf der ausgestreckten flachen Hand zwei schwarze Dreiecke entgegen. Ich erkannte nicht gleich, was das sein sollte. Die Kanten der Spitzen waren messerscharf. Da wußte ich es, es waren sehr alte Pfeilspitzen. Ich fragte die Frau, was sie dafür haben wolle, aber sie schüttelte den Kopf. »Nada, nichts.« Es war das Schulgeld für den Jungen. Wenn man weiß, wie sehr die Indios noch heute an diesen alten Dingen hängen, war es ein großes Geschenk.

Tobbi, ich frage dich, welche Mutter bei uns hätte die Geduld, drei Tage mit dem Kind vor die Schule zu kommen und das Kind dazu zu bringen, daß es ohne Anwendung von Gewalt in die Schule geht. Welcher Schulleiter daheim würde den Widerstand des Kindes akzeptieren? Dazu muß gesagt werden, daß die Frau aus Pitantorilla kam, also jedesmal mehr als zwei Stunden Weg auf sich nahm, mit dem kleinen Kind auf dem Rücken.

Können und müssen meine Campesinos noch viel lernen, in einem können wir von ihnen lernen. Ihr Familienleben ist beispielhaft. Sie schlagen ihre Kinder nicht, und die Kinder sind vielleicht gerade deshalb sehr wohlerzogen.

Für mich war es ein riesiger Erfolg, daß eine junge Mutter ihr Kind unaufgefordert über eine Stunde Weg zur Schule brachte. Schließlich ist es erst wenige Monate her, daß die Leute meinten, vom Lesen werde man blind. Ich muß noch so viel tun. Und viel Zeit bleibt mir nicht mehr.   So long
Deine Lou

Als sie bei uns auftauchte, hielt ich sie zunächst für ein Mädchen aus dem Nachbardorf. Dann fiel mir auf, daß sie nicht wie ein Campesinomädchen gekleidet war.

Sie war Lehrerin, Bolivianerin. »Mich schickt die Regierung«, sagte sie energiegeladen, es fehlte nur das abschließende olé!

Andrea und ich wechselten einen schnellen Blick.

»Das ist fein«, sagte ich, »eine Lehrerin für die Kleinen können wir gut brauchen.« So waren von Anfang an die Weichen gestellt. Sie akzeptierte.

Am ersten Abend, sie wohnte natürlich mit in unserem Raum, Betretenheit. Wir, die Fremden, waren in Huayllas mehr daheim als sie, die Einheimische.

Ich versuchte sie zu gewinnen, indem ich sagte, es freue mich, daß man sie geschickt habe, und daß es sogar bei der Regierung bekanntgeworden sei, daß wir hier eine zweiklassige Schule gebaut hatten. Ich lobte die Leute, die mitgeholfen hatten und zählte sie alle auf. Dann lobte ich auch die Kinder, sagte, daß sie artig seien, und gern lernten. Ich redete und redete, weil ich das Gefühl hatte, wenn ich aufhörte, würde etwas geschehen, das ich nicht wünschte. Ich zitterte um Huayllas. Ich hatte plötzlich Angst um die Kinder, ich merkte, was wir hier getan hatten, war auslöschbar durch einen einzigen Menschen, durch eine Halbwüchsige, der man einen Schein in die Hand gedrückt hatte, der bestätigte, daß sie angeblich geeignet war, Kinder zu unterrichten.

Am nächsten Morgen wußte ich, daß ich mit meinen

Befürchtungen recht hatte. Sie sprang in barschem Ton mit meinen Kindern um, und das erste, was sie im Chor nachplappern mußten, war: »Bolivia es mi patria!«

Später sah ich die ratlosen Kleinen auf der Plaza auf der Stelle treten. »Un, dos, un, dos, un, dos, viva la Bolivia!«

Wie brachten wir die kleine bolivianische Lehrerin von dieser Art der Erziehung ab, ohne Porzellan zu zerschlagen?

Ich ging mit Andrea vor das Dorf, um mich mit ihr zu beraten. Es kam nicht in Frage, der Neuen zu demonstrieren, daß sie im Grunde sehr wenig wußte, denn was sie gelernt hatte, entsprach kaum unserer abgeschlossenen Volksschulbildung.

»Im Grunde«, sagte Andrea, »müssen wir ihr dankbar sein, denn sie zeigt uns die Problematik unserer Arbeit. Was nützt es, wenn du und ich predigen, sagt nicht immer ja, traut euch auch einmal nein zu sagen, wenn wir wieder weggehen und die, die dableiben, ›un, dos, un, dos‹ kommandieren. Es zeigt doch nur, daß Entwicklungshilfe nicht nur unten, sondern auch oben ansetzen muß.«

»Oder anders ausgedrückt, man kann nicht teilweise Änderungen vornehmen, wenn das ganze System geändert werden mußte. Ich frage mich, ob unsere Arbeit überhaupt sinnvoll war . . .«

»Wirf doch nicht gleich die Flinte ins Korn«, schalt mich Andrea. »Etwas haben wir erreicht, wir haben den Leuten hier gezeigt, daß sie sehr wohl ihr Los ein wenig bessern können, wenn sie sich nur etwas anstrengen. Und wir haben den Leuten in Sucre gezeigt, daß es einfach nicht stimmt, wenn sie sagen, die Campesinos nehmen alles wie es kommt, und sind mit allem zufrieden. Das ist vielleicht noch wichtiger.«

»Ich habe nie gedacht, daß alles, was wir hier getan haben, so leicht in Frage gestellt werden kann.«

»Und was ist, wenn wir mit dem Sindicato sprechen?«

Wir sprachen mit dem Sindicato. Wir sagten gar

nichts von unseren Sorgen und von unserer kleinen bolivianischen Lehrerin. Wir erzählten ihm, wie man die Kinder anderswo erzog, in England, in der Schweiz, in Schweden, auch in Österreich. Wir sprachen gar nicht von unserem Land, um ihn nicht mißtrauisch zu machen. Wir sagten ihm, daß dort die Kinder nicht marschieren mußten, nicht wie kleine Soldaten gedrillt würden. Oh, wir redeten mit ihm mehr als zwei Stunden, und er fühlte sich sehr geehrt. Er kredenzte uns von seinem Chicha, und wir tranken sogar einen Schluck, obwohl uns furchtbar vor diesem Trank ekelte, aber es geschah ja für die Kinder.

Zwei Tage später fragte uns Elvira Dominguez, die junge bolivianische Lehrerin, ob sie etwas mit den Kindern falsch mache.

»Falsch?« Wir fuhren hoch. »Oh, nein«, riefen wir wie aus einem Mund. »Nicht falsch.« Wir sprachen sofort von etwas anderem und erzielten damit genau die Wirkung, die wir erreichen wollten.

Sie fragte uns, wo wir schon überall gewesen seien.

Wir zählten auf, es kam ein rundes Dutzend europäischer Länder zusammen. Einige schien sie dem Namen nach zu kennen, Finnland und Norwegen kannte sie nicht.

»Und können dort die Kinder schreiben und lesen?«

»Ja.«

»Alle?«

»Alle.«

Sie schien nachdenklich zu werden.

Am nächsten Tag fragte sie uns, wie die Schulen in Europa aussähen.

Und nach einer Woche ließ sie die Kinder nicht mehr den Staub der Plaza treten. Es hieß zwar immer noch: »Bolivia es mi patria.« Aber es wurde leiser gerufen, nicht mehr gebrüllt.

Und was das Wichtigste war, wir mochten Elvira sehr gern.

Wir sahen einander befremdet an, als es gegen Abend an die Tür klopfte. Andrea stand gerade splitternackt im Zimmer, weil sie sich wusch und wickelte sich rasch in ihr Badetuch.

»Was ist?« rief ich.

»Ich bin es, Señorita, Juan.«

Ich öffnete die Tür. Vor mir stand Juan mit grauem Gesicht. »Señorita«, begann er, »Señorita, das Mula, das . . .«

Dann sah ich es selbst. Don Felipes Maultier stand auf der Straße einige Meter entfernt, es schien mich einfältig zu beobachten. Sattel, Zaumzeug, Satteltasche alles war da, nur Don Felipe fehlte.

»Wo hast du es gefunden?«

»Draußen auf dem Weg nach Sucre. Es kam den Pfad herauf. Aber Don Felipe war nirgends zu sehen.«

Ich griff nach meinem Rucksack, in dem ich meine Erste-Hilfe-Ausrüstung verwahrte, rief Juan zu, er solle einige Männer alarmieren und mir nachkommen, dann stieg ich zum erstenmal in meinem Leben auf ein Mula. Ich wartete einen Augenblick, ob es mich abwerfen würde, aber es schien mit meinem Gewicht einverstanden und setzte sich in Trab.

Die Gedanken drehten sich mir im Kopf. Ich ließ alle Möglichkeiten eines Unfalls Revue passieren, erinnerte mich an den Erste-Hilfe-Kurs, den wir beim Entwicklungsdienst absolviert hatten, und in dem uns der Arzt immer wieder gesagt hatte, und in solch einem Fall rufen Sie den nächsten Arzt. Ein Spruch, mit dem ich leider absolut nichts anfangen konnte. Der nächste Arzt war zu weit entfernt.

Warum war nicht wenigstens der Jeep da . . . Ich tätschelte den Hals des Maultiers, um es zur Eile anzuspornen, aber es war auch nicht mehr das jüngste. Es schien die Gangart nicht gewohnt, und blieb plötzlich mitten auf dem Weg stehen. Ich rutschte aus dem Sattel, warf mir den Rucksack über die Schulter und lief weiter. Noch nie war ich hier oben so gerannt. Merkte ich nun doch die Höhenluft, war der Rucksack zu schwer, oder war ich nicht mehr kräftig genug? Ich mußte stehenbleiben und ein paarmal durchatmen, dann lief ich langsam weiter. Der Weg machte eine Biegung, und da sah ich Don Felipe.

Er saß da, die Beine weit von sich gestreckt, den Rücken an den Fels gelehnt, den Blick zum Himmel gerichtet.

»Don Felipe!« rief ich. »Don Felipe!« Ich mußte es geschrien haben, denn ich vernahm so etwas wie ein Echo.

Ich ließ den Rucksack auf den Boden fallen und drückte dem Padre die Augen zu. Dann erhob ich mich, stand da, unfähig, einen Gedanken zu fassen.

Hinter mir stieß jemand gegen einen Stein.

Ich fuhr herum. Es war das Mula. Es blieb in einigen Metern Entfernung stehen und schien seinen toten Herrn anzustarren.

Don Felipe war tot. Die Antwort auf seine Frage, wieviel Zeit er gegenüber meinen zwei Jahren hier haben würde, war gegeben. Er hatte keine zwei Jahre mehr Zeit gehabt.

Das Maultier scharrte mit dem Huf. Als ich mich ihm zuwandte, sah es weg. »Komm«, sagte ich, »komm«, und es gehorchte. Ich nahm es am Zügel und tätschelte ihm den Hals. Dann hörte ich Stimmen. Juan kam mit einigen jungen Männern.

Es war ein trauriger Zug, der den Rückweg antrat. Als erste kamen uns Andrea und Elvira entgegen, und dann die Leute aus dem Dorf, die Quispe, Mamanio, Patrona Duran, die Serranos, die Serrudos.

Ich fragte mich, ob wir Don Felipe in Huayllas beerdigen oder ob wir einen Boten nach Sucre schicken sollten, damit der Jeep mit einem Sarg kam und den Leichnam abholte. Wir brachten ihn ins Pfarrhaus. Ältere Frauen zündeten Kerzen an und begannen zu beten.

Der Sindicato wollte Don Felipe in Huayllas behalten.

»Er gehörte zu uns«, sagte er, »besonders seit dem letzten Weihnachtsfest, wo er so schön gesprochen hat.«

Ich ging hinauf zur Finca, um die Señora zu verständigen. Im Hof stand noch immer der Wagen mit dem zerbrochenen Rad. Die Señora kam mir entgegen. Ich erschrak über ihr Aussehen. Ihr graues Haar wirkte ungekämmt und stand wirr vom Kopf ab, ihr Gesicht war in der Zeit, da ich hier war, merklich gealtert. Nur ihre schwarzen Augen hatten die flackernde Schärfe behalten.

»Was haben Sie hier verloren?« keifte sie mich an.

»Señora«, sagte ich, »es ist ein ernster Anlaß. Wir haben einen Toten . . .«

»Und?« fragte sie. »Wir alle müssen sterben, auch Sie.«

»Darum geht es nicht. Es ist Don Felipe, er starb auf dem Weg nach Huayllas.«

»Don Felipe?« Sie ging einige Schritte zurück. »Don Felipe?«

»Ja, Señora.«

»Don Felipe«, sagte sie monoton. »So hat ihn also Gott gestraft!«

Ich schüttelte den Kopf. »Er war sehr alt, er ist an Herzschwäche gestorben.«

»Nein!« schrie sie. »Nein! Gott hat ihn gestraft, weil er uns verlassen hat. Gott hat es nicht zugelassen, wie er nicht zuließ, daß ein Papst den alten Glauben verriet. Gott straft alle. Auch dich wird er strafen!« Ihre Stimme überschlug sich.

Es war sinnlos, etwas zu erwidern. Die Finca, einst weiß getüncht und strahlend über dem Ort, wie die Kirche, war in den Monaten seit meinem ersten Besuch weiter verfallen, über den Stallungen war das Dach zusammengesunken, der Regen hatte große Flächen der weißen Tünche abgewaschen. Die Zeit war abzusehen, in der das große Haus genauso lehmfarben sein würde, wie die Hütten der Campesinos.

Ich drehte mich um und ging. Ich hörte nicht mehr auf das, was die Finquera hinter mir herschrie.

Neben der Kirche schaufelten zwei junge Männer eine Grube aus. Aus dem Pfarrhaus drang das Murmeln der Gebete, unterbrochen vom Jammern der Frauen.

Die Blinde lehnte an der Tür und starrte mit ihren milchigen Augen in die Dämmerung.

»Mamasniy?« fragte sie, als ich nur einige Schritte von ihr entfernt war.

»Ja«, sagte ich heiser. »Was ist?«

»Du darfst nicht traurig sein«, sagte sie. »Er ist glücklich gestorben. Er wollte zu uns kommen, und nun bleibt er immer bei uns.«

»So ist es wohl«, sagte ich. »Er hat euch geliebt.«

»Weil wir arm sind. Ich weiß. Seine Stimme ist in letzter Zeit immer jünger und fröhlicher geworden. Er wird ganz sicher in den Himmel kommen.«

»Ja«, sagte ich. »Sicher.« – Ich wehrte mich dagegen, aber plötzlich weinte ich.

»In den Himmel wird ihn keiner tragen müssen«, sagte sie. »Nach Huayllas mußten sie ihn tragen, aber in den Himmel nicht.«

»Ganz bestimmt.«

»Es wird dunkel, nicht?«

»Ja, mamasnyi.«

»Ich sehe es nicht, ich höre es. Ich höre es, wenn es hell wird, und wenn es dunkel wird. Glaubst du mir?«

»Natürlich, du lügst nicht.«

»Und so weiß ich, daß der da drinnen schon im Himmel ist.«

Ich ging hinein, wo sie alle um ihn standen. Don Felipes volles, fröhliches Gesicht war schmal und wächsern geworden.

Wenn die Seufzer der Frauen die Flammen erzittern ließen, war es, als bewegten sich seine Lippen. Langsam löste ich mich wieder aus der Schar und ging nach Haus. Die Nacht war schwarz und ohne Sterne. Auf halbem

Weg fiel mir ein, daß mein Rucksack noch im Pfarrhaus sein müsse, und so kehrte ich um, weil ich ihn in der Nacht ja brauchen konnte.

Als ich endlich auf unsere Hütte zuging, spürte ich mehr als ich es sehen konnte, daß vor mir jemand an die Mauer gelehnt stand.

»Ist da jemand?« fragte ich.

»Ich bin es, Mütterchen.«

Ich erkannte die Stimme nicht. »Wer bist du, sage deinen Namen.«

»Ich bin Enriques Benedicto, Mütterchen. Du mußt mir helfen. Ich bin entsetzlich krank.«

Jetzt hörte ich, daß der Mann stark verschnupft war, und dann hustete er, um mir meine Diagnose im Finstern zu bestätigen.

»Komm mit«, sagte ich. Wir gingen in unseren Hof, und ich öffnete die Tür. Die ganze Zeit hatte ich überlegt, wer Enriques Benedicto sein könnte, jetzt im Licht unserer Petroleumlampe erkannte ich ihn. Es war der Curandero, der Zauberdoktor. Er war als letzter zu mir gekommen.

Er klagte über Kopfschmerzen, die er vom Husten bekam. Ich gab ihm einige codeinhaltige Schmerztabletten, schärfte ihm ein, sie morgens und abends zu nehmen. Und ich kassierte zwei Eier von ihm.

Als er gegangen war, sagte ich zu Andrea und Elvira: »Es könnte ein Freudentag sein, daß schließlich auch der Curandero gekommen ist, wenn es nicht ein so trauriger Tag wäre.«

»Komm«, sagte Andrea, »iß etwas, du bist ganz grau im Gesicht.« Ich ließ mir die zwei Eier, die mir der Curandero gerade überreicht hatte, aus der Hand nehmen, sah zu, wie Andrea die Flamme des Kochers größer drehte, die Pfanne aufstellte, etwas Öl in die Pfanne tat und dann die beiden Eier hineinschlug.

»Nimm endlich den Rucksack vom Rücken«, schimpfte sie, »und setz dich hin. Willst du Tee?«

»Ja, bitte.«

»Mir ist heute etwas eingefallen, was gar nicht zu diesem Tag paßt, aber ich muß es dir sagen, weil wir damit wahrscheinlich einen Rieseneffekt erzielen können.«

»So?« sagte ich apathisch.

»Hör zu, du wirst dich selber wundern, daß du nicht drauf gekommen bist.«

»Was hast du denn vor?«

»Ich möchte nächsten Sonntag in Huayllas Kasperltheater spielen«, sagte Andrea.

Wir sprachen lange davon. Und mir war, als wäre Don Felipe damit einverstanden.

Ich hatte immer gewußt, daß dieser Abend kommen würde. Nun war er da.

Unsere Musikkapelle spielte. In der Luft lag der Duft von gebratenem Hammel. Die Augen der Kinder glänzten. Die Nacht war mild und klar, die Sterne des Südens funkelten. Ich hatte wenig Zeit gehabt, sie zu betrachten.

Viel hatte sich noch in Huayllas ereignet. Das Alltägliche und das Besondere. Kinder waren gestorben, weil man mich zu spät geholt hatte. Und Männer waren auf dem Feld zusammengebrochen. Der Laden, unsere Konsumgenossenschaft, war in den Besitz des Präsidenten der Konsumgenossenschaft übergegangen. Der erste Geschäftsmann in Huayllas hieß Pablo Mamanio.

In diesem Punkt war ich gescheitert. Die Leute hatten es einfach noch nicht begriffen, daß eine Genossenschaft für sie besser gewesen wäre. Aber sonst hatte sich doch einiges ereignet. Ich hatte ja keine großen Ziele gehabt, nicht viele Möglichkeiten. Sanitätsdienst, Dorfentwicklung, Alphabetisierung waren meine Aufgaben gewesen. Es waren wesentlich weniger Menschen in Huayllas gestorben als sonst. Die meisten hatten mir am Schluß vertraut, sogar der Zauberdoktor.

Elvira, die kleine bolivianische Lehrerin, war so weit, daß sie weitere Dorfhelfer und -helferinnen heranbilden konnte.

Entwicklungshilfe ist nicht eine Sache mit Raketenstart. Es ist eine langwierige Arbeit, mit Rückschlägen wie bei jeder Arbeit, aber mit mehr Freuden, als sie jede andere Arbeit bieten kann.

Die Charangos meiner Campesinos und ihre Hirtenflöten, der dumpfe Rhythmus der Trommel, ich werde sie nie vergessen. Mein Herz schlägt wie diese Musik.

Wenn man die Stille der Nächte in den Hochtälern der Anden kennt, dann ist man für solch eine Musik dankbar.

»Oh«, sagte Patrona Duran, »warum hast du dich uns so liebend gemacht, und warum tust du uns so weh, jetzt, wo du gehst.«

Ich werde wohl nie wieder einen Menschen treffen, mit dem ich Quechua sprechen kann. Aber ich werde in Quechua träumen.

»Warum hast du dich uns so liebend gemacht . . .«

Ich bin hierhergekommen . . . warum weiß ich nicht mehr. Ich weiß nur, daß es notwendig war. Ich war dabei, wenn sie ihre Kinder bekamen. Ich war dabei, wenn sie starben. Ich habe gesehen, wie geduldig sie gegenüber ihren Kindern waren. Ich habe ein bißchen Spielzeug ins Dorf gebracht. Und wir haben Kasperltheater gespielt, daß es für alle eine Freude war. Die Rolle des dummen Sepperl hatte ein kleiner Campesinojunge übernommen, der nicht in die Schule gehen wollte, der sich nicht waschen und der nichts lernen wollte. Das Puppentheater war unser Unterricht, unser Unterhaltungsprogramm, unser Gemeindetheater und unser Fernsehen. Es gab kein Problem, das wir nicht auf die Bühne brachten.

Es ist furchtbar zu wissen, morgen werde ich nicht mehr hier sein. Sich zu sagen, Juan wird nicht auf dich warten, die Kinder in der Schule werden dich nicht mehr um Buntstifte anbetteln . . .

Zwei Jahre waren zu wenig gegen die Jahrhunderte, in denen man meine Campesinos zu dem gemacht hatte, was sie waren, als ich ankam.

»Du solltest bei uns bleiben, Mütterchen«, sagte Patrona Duran. »Fahr nach Hause, nimm dir einen Mann und komm mit ihm wieder. Wir werden immer auf das hören, was du uns sagst, und immer tun, was du befiehlst.«

»Ihr sollt nicht immer tun, was man euch befiehlt. Ihr sollt dabei denken! Bitte, vergiß es nie. Nur wenn ich sage, ihr sollt eure Kinder nicht so lange stillen, bis sie Zähne haben und euch die Brüste zerbeißen, dann sollst du mir folgen.«

»Ich werde mir alles merken, was du mir sagst und was du mir gesagt hast. Und einige haben sich ja viel aufgeschrieben. – Oh, sieh, da kommen Leute aus Pitantorilla.«

Es waren einige Patienten aus dem Nachbarort. Auch mein erster Fall war dabei, der alte Mann, der unter Verstopfung gelitten hatte. Ich mußte mit ihnen Chicha trinken und die kleinen Geschenke annehmen, die sie brachten.

Der Alte war bald in Fahrt und erzählte jedem, daß er den Teufel im Leib gehabt habe, aber ich hätte ihn ausgetrieben. Seine ganze Familie hätte es sehen und hören können, wie der Teufel aus ihm gefahren sei.

So entstehen Sagen, dachte ich. Jetzt hätte ich noch widersprechen können. Aber hätte das etwas genützt? Ich wollte den alten Mann nicht bloßstellen.

Oh, kleine, heisere Flöte der Anden, süße Charango, dumpfe Trommel für Träume!

Jetzt weben sie Teppiche, machen Püppchen, die sie unten in den Städten verkaufen, und im Schulgarten haben wir gezeigt, was ein paar Körnchen Dünger bewirken können. Die Ernährung wird vielfältiger werden, wenn ich gehe. Der Mais steht jetzt schon ein wenig höher. Ein paar Schritte sind wir gegangen, ein paar kleine Schritte. Zwei Jahre meines Lebens. Wie werde ich an diese Jahre denken, wenn ich eine alte Frau sein werde?

Zwei Jahre seines Lebens sollte jeder hergeben, mindestens. Denn die Campesinos verdienen es nicht, daß sie so arm sind, wie wir es nicht verdienen, daß wir reich sind. Und den Reichen müßte man nehmen, was sie nicht freiwillig geben, nicht mit Gewalt, sondern von Gesetzes wegen. Eigentum ist kein goldenes Kalb, vor dem wir tanzen müssen. Eigentum darf nicht unantastbar sein. Eigentum muß auch anderen nützen.

Don Felipe werde ich nicht vergessen und seinen jungen Nachfolger nicht, der Camillo Torres verehrt. Camillo Torres, der gezeigt hat, daß Christentum und Revolution nicht unvereinbar sind.

»Mütterchen, du gehst nicht«, sagt die Quispe, »unsere Liebe hat dir die Füße genommen. Du kannst gar nicht gehen.«

»Ich bleibe bei euch. Ich bleibe hier bei euch«, sage ich und zeige auf meine Stirn »und hier«, und ich zeige auf mein Herz.

Langsam werden es weniger. Manche wünschen mir beschwipst gute Nacht, sagen noch: »Morgen werden wir dich begleiten und durch den Cachimayo führen, morgen.«

Ich lächle und sage »mañana« wie sie, und dann verabschiede ich mich. Habe ich mehr Chicha getrunken als mir bewußt ist?

Ich gehe mit Juan und Elvira nach Hause.

»Vergiß nichts, Juan«, sagte ich. »Vergiß nicht, daß ich da war. Ich werde dir schreiben und du wirst es selber lesen. Und du wirst mir schreiben, damit ich weiß, ob es in Huayllas weitergeht. Vergiß nicht, was ich dir von den fruchtbaren Ebenen erzählt habe. Einmal werdet ihr alle dorthin ziehen, aber dafür müßt ihr noch viel lernen. Wirst du es nicht vergessen?«

»Nein, Señorita«, sagt er und schluckt.

Vor unserer Tür verabschieden wir uns. »Morgen bin ich da«, sagt er. »Ich werde deinen Rucksack tragen.«

Sagte ich schon, daß ich mit Elvira allein bin, und daß Andrea in ein anderes Dorf versetzt wurde?

»Auch du darfst nichts vergessen«, sage ich zu Elvira. »Nie wieder darf man die Campesinos behandeln wie Tiere. Sie sind keine Tiere. Sie sind Menschen mit Fehlern, aber gute Menschen. Sie schlagen ihre Kinder nicht, und die Männer lassen ihre Frauen in der schwersten Stunde nicht allein.«

»Wenn es geht«, erwiderte Elvira, »werde ich hier in Huayllas bleiben. Vielleicht werden wir noch einmal eine größere Schule bauen.«

»Du mußt sie darauf vorbereiten, daß sie die Berge verlassen und in die fruchtbare Ebene ziehen. Bolivien ist so reich. Ihr werdet einmal ein schöneres Leben haben.«

»Wenn es die Amerikaner zulassen.«

»Es hängt von euch ab, ob sie euch ausbeuten oder nicht.«

»Aber ihr müßt uns helfen.«

»Das verspreche ich. Aber auch wir müssen noch viel lernen, Elvira. Wir werden es lernen. Verlaß dich darauf. Jetzt schlaf aber. Ich ziehe mich nicht mehr aus. Ich lege mich so aufs Bett.«

Ich liege eine Weile und lausche. Als sie ruhig atmet, stehe ich auf und schleiche auf Socken zum Tisch, dort schreibe ich ihr auf einen Zettel einen kurzen Brief, in dem ich sie um Entschuldigung bitte, daß ich ohne Abschied gehe. Ich bitte alle um Entschuldigung. Ganz Huayllas. Ich hätte einen anderen Abschied nicht ertragen . . .

Ich werfe den Rucksack über die Schultern und ziehe die Schuhe erst auf der Plaza an.

Ich gehe fort aus Huayllas. Fort aus diesem gottverlassenen Nest der Vinchuquas und Flöhe.

Hunde kommen aus den Höfen und beschnüffeln

mich. Keiner bellt. Sie kennen mich. Ich gehöre zum Dorf. Ein paar Atemzüge lang noch.

Ich muß sehen, wie ich allein durch den Cachimayo komme. Auch wenn er jetzt schon recht viel Wasser führt.

Bald habe ich den Weg erreicht, der nach Sucre führt. Fünf Stunden Marsch liegen vor mir und der Cachimayo.

Oben, an der Wegbiegung, an der Stelle, wo ich Huayllas zum erstenmal sah, bleibe ich stehen und wende mich um.

Da liegen sie im Mondlicht, die strohgedeckten Hütten, dichtgedrängt, meine Heimat für zwei Jahre. Die Kirche schimmert weiß vom Hügel, und an ihrer Mauer ruht sich Don Felipe von seinen anstrengenden Ritten aus.

Ich beiße auf die Lippen, aber ich kann die Tränen nicht unterdrücken.

Warum hast du dich uns so liebend gemacht . . .?

Und warum hatten sie sich mir so liebend gemacht?

Warum hatten sie sich so an mich gehängt, warum waren sie mir gefolgt wie mein Schatten?

Ich hatte immer gewußt, daß ich zwei Jahre bleiben würde. Nur zwei Jahre. Aber ich hätte wohl für immer bleiben sollen. Ich weiß, daß es nicht gut ist, daß ich gehe. Was wir erreicht haben, kann so leicht wieder zerstört werden. Jeder höhere Beamte, jeder General, der wieder einmal einen Umsturz inszeniert, kann es ungeschehen machen. Es müßte viel mehr geändert werden als das Leben meiner Campesinos in diesem abgelegenen Dorf.

Ich verstehe nicht, warum ich weitergehe, warum ich nicht umkehre.

Wie ich den Cachimayo rauschen höre, beginnt es zu dämmern. Der Tag kommt schnell. Drüben am anderen Ufer habe ich einen Bluterguß am rechten Unterschenkel. Wie ein Keulenhieb traf mich im Wasser der Stein, aber er hat mich nicht umgeworfen.

Ich gehe mit nassen Schuhen weiter.

Dennoch bin ich froh, daß mir auf halbem Weg zwischen dem Cachimayo und Sucre Markus entgegenkommt.

Er ärgert sich, daß er nicht früher losgefahren ist. »Ich hab gewußt, daß du früher kommst«, schimpft er. »Damit du den Leuten die Tränen ersparst.«

»Ich wollte sie nicht nur den Leuten ersparen«, sage ich. »Soll ich dir winken, damit du wenden kannst? Komm, starr mich nicht an, fahr zurück!«

Vielleicht liegt es an der Weihnachtszeit, daß mich meine Familie behandelt, als sei ich vorübergehend aus einer Nervenheilanstalt entlassen.

Sogar Großmutter unterdrückt ihre diversen Hallelujas, die ihr die »wirbelnden Schneeflocken« sonst entlocken. Mein ältester Bruder Carl-Theodor hat sich eine Frau ins Haus geholt, eine folgsame kleine Blondine.

Ich bin in der verkehrten Welt. Es ist Silvester, und ich friere. Wie schön war es um diese Zeit in Huayllas. Wie herrlich war es, wenn am Neujahrstag die Hitze über den Dächern flimmerte.

Am Abend wollen sie alle fröhlich sein. Darum sind auch Gäste eingeladen. Zu Ehren meiner Rückkehr. Als ob ich in den zwei Jahren meiner Abwesenheit ein exotischer Vogel geworden wäre, der nun bei freiem Eintritt besichtigt werden konnte.

Mama ist grauer geworden und nervöser. Von diesem Silvesterabend hängt so vieles ab. Es läßt sich nicht verheimlichen, es geht um eine weitere Ehe.

Ich setze mich zu Fanni in die Küche. Zu Fanni, die von diesen Festen nur Arbeit hat.

»Ein Glück«, sagt sie, »daß Schnee liegt. So können wir die Sektflaschen in den Schnee stecken. Im Kühl-

Das Privateigentum

ist also für niemand ein unbedingtes und unumschränktes Recht.

Niemand

kann guten Grundes seinen Überfluß ausschließlich für sich gebrauchen, wo anderen das Notwendigste fehlt.

Mit einem Wort:

das Eigentumsrecht darf nach der herkömmlichen Lehre der Kirchenväter und der großen Theologen niemals zum Schaden des Gemeinwohls genutzt werden.

Sollte

ein Konflikt zwischen den «wohlerworbenen Rechten des einzelnen und den Grundbedürfnissen der Gemeinschaft» entstehen, dann ist es an der staatlichen Gewalt, «unter aktiver Beteiligung der einzelnen und der Gruppen eine Lösung zu suchen.»

Päpstliche Enzyklika «Populorum Progressio»

schrank wäre sonst nicht genug Platz. Erzählen Sie mir etwas von den Indios.«

»Ich habe es nicht gerne, wenn man Indios sagt«, antworte ich. »Ich war bei den Campesinos. Aber lassen wir das, Fanni. Später einmal.«

Ich gehe in mein Zimmer und sehe mir den Wandteppich an, den sie mir geschenkt haben, die geflügelten Löwen, den riesigen Vogel. Ist damit der Condor gemeint? Ich nehme die Pfeilspitzen in die Hand. Ich hätte nicht gehen sollen. Es ist nicht nur Quechua, das meine Eltern und Brüder nicht verstehen. Ich rede, sie fragen mich aus und hören mir zu, und manchmal habe ich das Gefühl, sie tun es nur, um zu erfahren, ob es nicht doch eine Möglichkeit gibt, mit den »Indios« ins Geschäft zu kommen.

Ich drücke eine Taste des Radioapparates nieder und höre sofort Tanzmusik. Alles stimmt sich ein auf Silvester. Nichts habe ich so wenig vermißt wie das Radio. Ich schalte wieder aus und frage mich, warum ich gegangen bin. Und wie ich wieder hinkomme. Mama klopft an und schwirrt herein und fragt mich zum zehntenmal, ob ich nicht doch zum Friseur wolle.

»Nein, ich will nicht.« Ich hätte auch fragen können, Friseur, was ist das? Ich habe gebadet, und zwar ausgiebigst, in Gebirgen von Schaum. Dabei dachte ich an Christa in den Tagen des Sandsturms, es war nicht der einzige geblieben. Ich dachte an Andrea, resolut und tatendurstig, an Joe und Markus. Ich dachte an Tobbi . . .

Tobbi hat sich geändert. Er ist merkwürdig still geworden. Er hatte ein Magengeschwür und konnte deshalb nicht, wie geplant, Entwicklungsdienst leisten.

Als ich ihn fragte, wie es dazu kam, sagte er: »Wahrscheinlich vom unregelmäßigen Essen und vor Sehnsucht nach dir.«

Er hatte es ernst gemeint.

Ich lehne mich in meinem Sessel zurück, höre die Geräusche im Haus und frage mich, wo ich mich mehr daheim fühlte, hier oder in Huayllas. Ich warte immer noch auf das Glück, das sich einstellen muß, wenn man daheim ist.

Die Oberin hat mir zur Begrüßung einen Stoß Zeitschriften geschickt, die mich wahrscheinlich an meinen Beruf erinnern sollen. Ich blättere sie unkonzentriert durch, bis ich mitten in einer medizinischen Zeitschrift auf Huayllas stoße. Auf die Quispe und den Sandsturm. Auf meine erste Entbindung in Huayllas.

Ein skandinavischer Arzt lese ich, habe herausgefunden, daß in den Gebärkliniken der zivilisierten Welt falsch entbunden werde. Die Frau nähme bei der Entbindung eine falsche Lage ein, wodurch der Dammriß möglich und der Dammschnitt nötig werde. Er habe einen neuen Entbindungsstuhl konstruiert, in dem die Frau das Kind *kniend* zur Welt bringe. Seine Frau habe bereits zwei Kinder auf diese Art ohne Dammriß geboren. Die Gynäkologen, lese ich weiter, seien geteilter Meinung, der Arzt, der diese Entbindungsmethode gefunden hatte, war nämlich kein Gynäkologe.

Wie gut, daß sich die Campesinofrauen nicht an die Meinung der Fachärzte hielten. Und ein Campesinomann, der seiner Frau während der Geburt den Bauch streichelte, wußte wahrscheinlich mehr als unsere Gynäkologen, denn es waren immer die gleichen kreisenden, streichelnden Bewegungen gewesen. Bemerkenswert, daß sich der skandinavische Arzt eine Entbindung wieder nicht ohne eigens konstruierten Stuhl vorstellen konnte.

Eine Stunde später treffe ich Tobbi in einem Café. Wir haben ein rundes Tischchen in einer Nische für uns allein und können in der Hauptsache ältere Damen beobachten, die mit ihren Hündchen ankommen und ihre Nutzlosigkeit mit Sahnetörtchen garnieren.

Wir sprechen über Belangloses, über das Naschen und, ob es schon ein Buch gibt, in dem dieses Phänomen, das so sichtlich Ersatz für andere Dinge leisten soll, untersucht wird.

Dann sage ich: »Tobbi, nächste Woche fährst du mich zur Oberin. Ich kann nicht einfach zu Hause herumsitzen. Ich muß etwas tun. In ein paar Tagen kommt das Geld, das der Entwicklungsdienst für mich auf ein Sperrkonto gelegt hat, das ist unser Anfangskapital. Wir werden eine ganz stille Hochzeit machen, eine, die überhaupt nicht zu hören sein wird, so still. Eine Wohnung wird sich finden. Zwei Kinder hätte ich gern. In zwei Jahren das erste. Ich möchte es wie die Campesinofrauen zur Welt bringen. Mit dir.«

Tobbi lächelt. »Wie willst du das hierzulande erreichen?«

»Ich finde die Klinik und den Arzt, der dazu bereit ist. Verlaß dich drauf. Ich will es doch gerade den bornierten Fachärzten einmal zeigen.«

»Ich werde nie ein Spitzenverdiener sein«, sagte Tobbi.

»Das sollst du auch nicht. Ich bin für zehn winzige gekochte Kartoffeln zweieinhalb Stunden gelaufen. Ein bißchen mehr werden wir schon haben.«

»Und wann soll das zweite Kind kommen?«

»Nicht viel mehr als zwei Jahre nach dem ersten.«

»Okay«, sagt Tobbi. »Meine Papiere habe ich beisammen.«

»Ich meine auch. Und wenn wir Söhne haben, sollen sie alles lernen, nur eines nicht.«

»So?« fragt er. »Was denn?«

»Sich vor anderen verbeugen.«

»Einverstanden.«

»Und dann noch etwas, Tobbi.«

»Ich höre.«

»Wir sagen es heute meinen Eltern. Wir fragen sie nicht. Wir sagen es ihnen.«

»Das ist ein Wort. Dann gehen wir wohl erst einmal zu meiner Mutter. Die wird sich freuen, daß ich endlich unter die Haube komme.«

Wir lachen. Wir stehen auf und umarmen uns.

Einer Dame bleibt der Löffel mit Sahne im Mund stecken.

Tobbi legt den Zeigefinger auf die Lippen und sagt: »Psst! Wenn Sie uns nicht verraten, sagen wir's Ihnen. Wir heiraten im nächsten Jahr.«

Aber sie lächelt nicht einmal; sie zieht den Löffel aus dem Mund und leckt die Sahne von den Lippen.

Draußen ist es schon dunkel. Ein eiskalter Wind fällt uns an. Wir umarmen uns noch einmal.

Burschen, schon angetrunken, rufen »höh, höh!« und werfen uns Knallfrösche vor die Füße. Dann steigt eine Rakete zischend hoch und explodiert zu fünf, sechs roten Kugeln. Eine zweite, eine dritte folgt. Und es ist erst sieben. Es wird eine laute Nacht geben.

Achtzig Millionen Mark allein in der Bundesrepublik werden in dieser Nacht mit Feuerwerk verpulvert werden. Achtzig Millionen. Und ich hatte mit einigen Tausend in Huayllas fast Wunder tun können.

Elvira, die kleine bolivianische Lehrerin, wird weiter Bleistifte für ihre Kinder zersägen müssen. Und meine Campesinos werden sich zu einer Mahlzeit setzen, die aus fünf Kartoffeln besteht, wie Murmeln so groß.

Und Festredner werden in dieser Nacht an ihre Sektgläser klingeln, sich Gehör verschaffen und die Welt in Ordnung finden, solange man ihnen läßt, was ihnen längst nicht mehr gehören sollte.

»Tobbi«, sage ich, »ich will dir noch im alten Jahr sagen, daß ich dich liebe, weil dir die Welt, wie sie aufgeteilt ist, nicht gefällt. Aber Tobbi, ich will noch etwas von dir.«

»Ja?« fragt er.

»Rüttle mich wach, wenn ich träge werde. Laß mich Huayllas nicht vergessen.«

Othmar Franz Lang

Wenn du verstummst, werde ich sprechen

Jugendroman. 180 Seiten, geb. 15,80

Hier liegt ein Buch über junge Menschen vor, die Engagement nicht predigen, sondern handeln, um jenen beizustehen, die um ihrer politischen und religiösen Meinung willen verfolgt werden. Da der Autor selbst während längerer Zeit in eine amnesty-international-Gruppe aufgenommen wurde, gelang es ihm, diese schwierige Situation eindrücklich und lebensnah zu schildern.

Regenbogenweg

Jugendroman. 192 Seiten, geb. 15,80

Zum erstenmal in ihrem Leben ahnt Nicola, was ein psychisch Kranker ist, als sie zusehen muß, wie ihre Freundin Pamela von Tag zu Tag apathischer wird. Durch Zufall gerät sie an die Aktion Robinson, einer Laienhelfergruppe in der psychiatrischen Klinik Grafenberg. Dort spürt sie, welcher Geduld und Einfühlungsgabe es bedarf, um eine Beziehung zwischen Gesunden und Kranken herzustellen.

Meine Spur löscht der Fluß

JM ab 12 Jahren. 192 Seiten, geb. 16,80

Ein junger Indianer, der als letzter seines Stammes jahrelang allein in den Wäldern Nordamerikas lebt, wird mit der Zivilisation des weißen Mannes konfrontiert. Eine Art „Kaspar Hauser-Geschichte".

Benziger